Der Trend Sharing Economy

Warum nutzen Kunden die Angebote von SnappCar, Airbnb und TaskRabbit?

Bibliografische Information der Deutschen Nationalbibliothek:

Die Deutsche Nationalbibliothek verzeichnet diese Publikation in der Deutschen Nationalbibliografie; detaillierte bibliografische Daten sind im Internet über http://dnb.d-nb.de abrufbar.

Impressum:

Copyright © Science Factory 2020

Ein Imprint der GRIN Publishing GmbH, München

Druck und Bindung: Books on Demand GmbH, Norderstedt, Germany

Covergestaltung: GRIN Publishing GmbH

Inhaltsverzeichnis

Abkürzungsverzeichnis IV

Abbildungsverzeichnis V

Tabellenverzeichnis VI

1 Einleitung 1

    1.1 Problemstellung 1

    1.2 Zielsetzung und Gang der Untersuchung 2

2 Theoretische Grundlagen 4

    2.1 Sharing Economy – Eine neue Konsumkultur? 4

    2.2 Geschäftsmodelle der Sharing Economy 12

3 Methodik 36

4 Ergebnisse 41

5 Diskussion 44

6 Fazit 55

    6.1 Zusammenfassung 55

    6.2 Limitationen 57

    6.3 Ausblick und weiterer Forschungsbedarf 58

Literaturverzeichnis 59

Abkürzungsverzeichnis

B2B	Business-to-Business
B2C	Business-to-Consumer
BiB	Bundesinstitut für Bevölkerungsforschung
C2B	Consumer-to-Business
C2C	Consumer-to-Consumer
CIA	Central Intelligence Agency
G2C	Government-to-Consumer
P2P	Peer-to-Peer
PwC	PricewaterhouseCoopers
VC	Venture Capital

Abbildungsverzeichnis

Abbildung 2-1: Treiber der Sharing Economy 8

Abbildung 2-2: Marktvolumina der Sharing Economy in Euro 9

Abbildung 2-3: Transaktionswerte der Sharing Economy in Euro 10

Abbildung 2-4: Klassifizierung von Sharing Economy Aktivitäten 12

Abbildung 2-5: Reservationspreis, Marktpreis und Konsumentenrente 19

Abbildung 2-6: Klassifizierung von "On-Demand Workforce Services" 31

Abbildung 3-1: Zu bewertenden Aussagen mit der jeweilig zugeordneten Dimension 39

Tabellenverzeichnis

Tabelle 2-1: Ausgewählte Definitionen der "Sharing Economy" 6

Tabelle 2-2: Umsatz und Transaktionswert der Industriesektoren "Unterkünfte" und "Transport und Mobilität" in Millionen Euro 10

Tabelle 2-3: Ausgewählte Definitionen eines Geschäftsmodells 14

Tabelle 2-4: Schlüsselelemente eines Geschäftsmodells nach ausgewählten Autoren 15

Tabelle 2-5: Ausgewählte Einnahmequellen 20

Tabelle 2-6: "Fixed Pricing" versus "Dynamic Pricing" 21

Tabelle 4-1: Auswertung der Aussagen in Bezug auf Airbnb 42

Tabelle 4-2: Auswertung der Aussagen in Bezug auf SnappCar 43

Tabelle 4-3: Auswertung der Aussagen in Bezug auf TaskRabbit 43

Tabelle 5-1: Den Dimensionen zugeordnete Aussagen in Bezug auf Airbnb 45

Tabelle 5-2: Den Dimensionen zugeordnete Aussagen in Bezug auf SnappCar 48

Tabelle 5-3: Den Dimensionen zugeordnete Aussagen in Bezug auf TaskRabbit 52

1 Einleitung

1.1 Problemstellung

„Uber, the world's largest taxi company, owns no vehicles.
Facebook, the world's most popular media owner, creates no content.
Alibaba, the most valuable retailer, has no inventory.
And Airbnb, the world's largest accommodation provider, owns no real estate."
(Goodwin in TechCrunch, 2015)

Die im obigen Zitat erwähnten und weitere innovative Startups sind Unternehmen der sogenannten „Sharing Economy". Dabei verspricht die Sharing Economy Nutzern einerseits einen ökonomischen Vorteil, andererseits gilt sie als Ansatz zur Bewältigung ökologischer und sozialer Herausforderungen. Demnach könnten Probleme wie Überproduktion, Ressourcenverschwendung und Umweltzerstörung auf diese Weise gelöst werden. Im Jahr 2011 wurde sie schließlich im amerikanischen Time Magazine als eine der zehn Ideen, die die Welt verändern, gelistet. (Tsui, 2016, S. 78)

Während das Eigentum traditionell als der erstrebenswerteste Zugang zu Produkten und Dienstleistungen gilt, erfährt sowohl der temporäre Zugang als auch die gemeinsame Nutzung begrenzter Ressourcen weltweit an Beliebtheit. Nutzen statt Besitzen ist das Credo der neuen Konsumgesellschaft. (Grimm & Kunze, 2011, S. 19)

Trotz des Trends hin zur gemeinsamen Nutzung sind sich Ökonomen uneinig, welche Potentiale die Sharing Economy tatsächlich birgt. Die Wirtschaftsprüfungsgesellschaft PricewaterhouseCoopers prognostiziert ein Wachstum dessen Marktvolumens von 28 Milliarden Euro in 2016 auf bis zu 570 Milliarden Euro in 2025 (PwC, 2016), während Slee vor den Gefahren der Sharing Economy warnt. Er bezeichnet den Trend der gemeinsamen Nutzung von Ressourcen als Blase, welche zu platzen droht. Einige wenige Firmen verdienen Milliarden an der Vermittlung von Teilen und Tauschen, dringen dabei in bisher nicht ökonomisierte Lebensbereiche vor und umgehen Errungenschaften wie Arbeitsschutzgesetze und Mindestlohn, signalisiert Slee. (Slee, 2016, S. 2-3)

1.2 Zielsetzung und Gang der Untersuchung

Die vorliegende Arbeit untersucht die Motive der Konsumenten zur Nutzung von Angeboten verschiedener ausgewählter Unternehmen in der Sharing Economy. Weiter werden die Geschäftsmodelle dieser Unternehmen untersucht. Nach Barbu et al. werden die Geschäftsmodelle innerhalb der Sharing Economy anhand der Ausprägung von Value Creation, Value Delivery und Value Capture in Access-based business models, Marketplaces und On-Demand Service Provider unterschieden. (Barbu et al., 2018, S. 159) Im Rahmen der Untersuchung wird jeweils ein Unternehmen stellvertretend für alle drei Geschäftsmodelltypen betrachtet.

Folgende Fragen sollen im Zuge dieser wissenschaftlichen Arbeit beantwortet werden:

1. Anhand welcher Kriterien können die Geschäftsmodelle in der Sharing Economy unterschieden werden?

Hierbei sollen einschlägige Unterscheidungskriterien erörtert werden, welche die Einordnung aller Geschäftsmodelle innerhalb der Sharing Economy in Gruppen erlaubt.

2. Welche Motive veranlassen Menschen zur Nutzung von Angeboten des Sharing Economy Unternehmens „SnappCar"?

Im Rahmen einer empirischen Befragung sollen die Gründe und Motive erforscht werden, warum Menschen die reine Nutzung eines Autos gegenüber Kauf- und anderen Optionen vorziehen.

3. Welche Motive veranlassen Menschen zur Nutzung von Angeboten des Sharing Economy Unternehmens „Airbnb"?

Die Frage nach den Gründen und Motiven, warum Menschen Airbnb gegenüber anderen Konsumformen bevorzugen, soll im Laufe der Arbeit beantwortet werden.

4. Welche Motive veranlassen Menschen zur Nutzung von Angeboten des Sharing Economy Unternehmens „TaskRabbit"?

Hiermit sollen die Gründe und Motive hinterfragt werden, warum Menschen sich für Angebote TaskRabbits und damit gegen Angebote herkömmlicher Dienstleister entscheiden.

Um die Entwicklung, Bedeutung und Hintergründe der Sharing Economy besser nachvollziehen zu können, widmet sich der zweite Gliederungspunkt der Arbeit den theoretischen Grundlagen der Sharing Economy. Zu Beginn wird hierbei eine

Arbeitsdefinition der „Sharing Economy" unternommen, Synonyme aufgezeigt und verwandte Begriffe abgegrenzt. Eine einheitliche Definition ist zum Status Quo nicht vollends gegeben, weshalb sich für den weiteren Verlauf der Arbeit auf eine von der Literatur weitreichend anerkannte Definition gestützt wird. Anschließend werden Gründe für die Entwicklung der Sharing Economy vorgestellt, bevor auf die aktuelle Marktsituation mit den von der Sharing Economy betroffenen Branchen eingegangen wird. Weiter werden die Bestandteile eines Geschäftsmodells zunächst allgemein und anschließend spezifisch in Bezug auf die drei ausgewählten Unternehmen untersucht.

Im dritten Gliederungspunkt wird die Methodik zur Beantwortung der Forschungsfrage erläutert.

Die im Rahmen der empirischen Befragung gewonnenen Ergebnisse werden im vierten Abschnitt dargestellt. Vor allem die Motive zur Nutzung der Unternehmensangebote stehen dabei im Fokus. Es sei an dieser Stelle darauf hingewiesen, dass die Thematik der Sharing Economy ein sehr weitläufiges und großes Forschungsfeld ist, das den Rahmen einer Bachelorarbeit übertreffen würde. Aus diesem Grund wird in die empirische Untersuchung nur die Nachfrage (Konsumenten), nicht jedoch das Angebot (Provider) miteinbezogen.

Im Anschluss an die im fünften Kapitel stattfindende Diskussion der erarbeiteten Ergebnisse folgt im sechsten Gliederungspunkt abschließend das Fazit, welches die Thematik nochmals zusammenfasst, die Limitationen dieser Arbeit benennt sowie einen Ausblick mit dem weiteren Forschungsbedarf erläutert.

2 Theoretische Grundlagen

2.1 Sharing Economy – Eine neue Konsumkultur?

Gibt man in den bekannten Suchmaschinen den Begriff „Sharing Economy" ein, werden über 550.000 Ergebnisse gelistet – im Jahr 2015 waren es gerade einmal 150.000 Suchtreffer. Die Hauptzielgruppe der „Ökonomie des Teilens" bilden dabei junge Erwachsene bis 29 Jahre. Nur etwa 13 Prozent derjenigen war der Begriff der „Sharing Economy" 2014 bekannt. (Pick & Haase, 2015, S. 9) Im gleichen Jahr bezeichnen Pick und Haase die Sharing Economy als „Randphänomen der deutschen Wirtschaft". (Pick & Haase, 2015, S. 9)

Gegensätzlich erscheint die Auffassung Botsmans und Rogers, die an einen disruptiven Wandel des Konsums glauben, welcher nicht nur neue Produkte, sondern auch ein Wirtschaftswachstum hervorbringt. (Botsman & Rogers, 2011, S. 21-22)

Doch wie definiert sich die „Sharing Economy" überhaupt? Und was unterscheidet sie vom herkömmlichen Nutzungsverhalten?

In diesem Abschnitt werden diese Fragen erörtert. Des Weiteren werden die Gründe für die Entwicklung der Sharing Economy genauer beleuchtet. Insbesondere wird hier auf bedeutsame technische Entwicklungen eingegangen, während sich auch die ökologischen und finanziellen Faktoren als nicht zu vernachlässigen erweisen.

2.1.1 Definition und Abgrenzung zu ähnlichen Begriffen

Peer Economy, Collaborative Economy, Access-based Consumption – es gibt viele Begriffe, die das Konzept der Sharing Economy beschreiben. Während jedoch eine einheitliche Definition fehlt, findet der Definitionsversuch von Hamari et al., die Sharing Economy als „P2P-basierte Aktivität zum Erhalten, Veräußern oder Teilen einer Zugangsberechtigung von Gütern und Dienstleistungen" (Hamari et al., 2016, S. 2047) zu beschreiben, weitgehend Akzeptanz.

Erstmalig wurde der Begriff der „Sharing Economy" jedoch 2008 von Prof. Lawrence Lessig aufgegriffen, wobei er das Konzept als das Teilen, den Austausch sowie das Mieten von Ressourcen ohne das Innehaben als Eigentum, versteht. (Choi et al., 2014, S. 625) Diese Begriffsbestimmung wird heute, aufgrund der fehlenden Einschränkung auf den C2C-Markt, weitestgehend als überholt betrachtet.

Frenken et al. knüpfen an die Begriffsbestimmung von Hamari et al. an und charakterisieren die Sharing Economy als System, in welchem sich Konsumenten gegenseitig einen temporären Zugang zu unausgelasteten Gütern gewähren. (Frenken et al., 2015, S. 1) Schwerpunkt dieser Definition stellt hier die nicht vollends ausgelastete Kapazität von Gütern dar. Die Autoren argumentieren, dass dem Teilen dieser überschüssigen Kapazität insofern eine fundamentale Bedeutung zukommt, als dass es Aktivitäten im Sinne des Teilens von der Ausübung eines „On-Demand Personal Services" unterscheidet. Letzteres ist per Definition der „Sharing Economy" nach Frenken et al. nicht erfasst. Hier wäre im Falle einer Uber-Personenbeförderung von der Schaffung neuer Kapazitäten durch die Bestellung des nachfragenden Konsumenten auszugehen, da ohne der jeweiligen Bestellung diese Fahrt nicht zustande gekommen wäre. Im Gegensatz dazu wird im Falle von Carpooling oder Hitchhiken lediglich ein Platz im Auto belegt, welcher sonst nicht belegt worden wäre, und der Fahrer die Fahrt unabhängig davon unternommen hätte. (Frenken et al., 2015, S. 1)

Carpooling und Hitchhiken sind nach dieser Definition Teil der Sharing Economy, Uber jedoch nicht. (Benkler, 2004, S. 282-283)

Des Weiteren stellen Frenken et al. die entgeltliche Vergütung für die Bereitstellung des Genutzten frei, weshalb Kritiker aufgrund der per Definition des altruistischen „Teilens" ausgeschlossenen finanziellen Entlohnung den Ausdruck der „Sharing Economy" als nicht zutreffend benennen. (Belk, 2007, S. 128)

Lamberton und Rose wiederum fassen den Begriff der Sharing Economy weiter und heben das gemeinsame Nutzen physischer und menschlicher Ressourcen hervor. (Lamberton & Rose, 2012, S. 110) Die Autoren verzichten dabei wie Hamari et al. auf den zwingend temporären Zugang als Charakteristika. Demnach sind auch der Kauf und Verkauf gebrauchter Güter über Vermittlungsplattformen wie Ebay von der Sharing Economy erfasst.

Oftmals wird von der Literatur „Collaborative Consumption" synonym zum Begriff der Sharing Economy gedeutet. (Piscicelli et al., 2014, S. 1) Nach Puschmann und Alt hingegen meint „Collaborative Consumption" den P2P-Konsum von Services ohne dazwischen liegenden Intermediär. (Puschmann & Alt, 2016, S. 95)

Nach mehrheitlicher Auffassung der Literatur sind jedoch P2P-Economy, Collaborative Economy, Access-based Consumption und Access-based Economy gleichbedeutend mit der Sharing Economy.

Aufgrund der unterschiedlichen Perspektiven der Autoren existiert derzeit, wie eingangs bereits erwähnt, kein einheitliches Verständnis für den Begriff der „Sharing Economy".

Tabelle 2-1 visualisiert zusammenfassend ausgewählte Definitionsansätze, wobei teilweise Collaborative Consumption synonym zur Sharing Economy verwendet wird, mit deren unterschiedlichen Definitionsausrichtungen.

Im Rahmen dieser Arbeit richten sich die weiteren Forschungsergebnisse an die Definition von Hamari et al.

Author(s)	Definition	Key hallmarks
Consumano, 2015, S. 32	Web platforms that bring together individuals who have underutilized assets with people who would like to rent those assets short term	Sharing economy, perspective on ICT
Hamari et al., 2015, S. 2047	The peer-to-peer-based activity of obtaining, giving, or sharing the access to goods and services, coordinated through community-based online services	Collaborative consumption, perspective on individual action
Belk, 2014, S. 1597	People coordinating the acquisition and distribution of a resource for a fee or other compensation	Sharing economy, perspective on compensation
Piscicelli et al., 2014, S. 1	Collaborative consumption is an emerging socioeconomic model based on sharing, renting, gifting, bartering, swapping, lending and borrowing. Made possible through [...] use of network technologies	Collaborative consumption, perspective on individual action and ICT
Heinrichs, 2013, S. 229	The concept and practice of a "sharing economy" and "collaborative consumption" suggest making use of market intelligence to foster a more collaborative and sustainable society	Sharing economy and collaborative consumption, perspective on sustainability
Botsman & Rogers, 2011, S. xv	Traditional sharing, bartering, lending, trading, renting, gifting, and swapping	Collaborative consumption, perspective on individual action

Tabelle 2-1: Ausgewählte Definitionen der "Sharing Economy"
Quelle: In Anlehnung an Breidbach & Brodie, 2017, S. 763

2.1.2 Gründe für die Entwicklung der Sharing Economy

Teilen von Ressourcen ist nicht neu, die Art und Weise wie jedoch geteilt wird schon. Im B2B-Markt gilt das Teilen gemeinsamer Ressourcen schon seit Jahrzehnten als alternative Konsumform. Spätestens mit der Begründung des ersten Maschinenrings, einer Vereinigung landwirtschaftlicher Betriebe zur gemeinsamen Nutzung von Land- und Forstmaschinen, hat sich diese Konsumform etabliert. (Puschmann & Alt, 2016, S. 93)

Auch im B2C-Markt kommt der Erlangung temporärer Zugangsrechte kein Neuheitscharakter zu. Autovermietungen, die Nutzung einer Waschmaschine in einem Waschsalon oder die Ausleihe eines Buchs von einer Bibliothek stellen Beispiele hierfür dar. (Puschmann & Alt, 2016, S.93)

Die Eigenart der Sharing Economy, wodurch ihr das Potential eines Paradigmenwechsels zugesprochen wird, verkörpert die Verbreitung der gemeinsamen Nutzung im C2C-Markt. Während jedoch innerhalb der eigenen Familie sowie des Freundeskreises Teilen als üblich erscheint, kommt jetzt dem Teilen zwischen Fremden eine enorme Bedeutung zu. „Stranger Sharing" (Frenken & Schor, 2017, S. 4) ist der Begriff, welcher die Sharing Economy prägt.

Nach Leadbeater war das 20. Jahrhundert das Jahrhundert des Hyperkonsums, in dem sein Eigentum und sein Vermögen eine Person definiert. Bestimmende Werbeslogans wie „Mein Haus – mein Auto – mein Boot" der Sparkasse aus den 90er Jahren sind heute längst überholt. Nach Spekulationen Leadbeaters definiert eine Person im 21. Jahrhundert hingegen, wie wir teilen und welchen Zugang wir zu bestimmten Produkten haben. (Leadbeater, 2009, S. 6) „You are what you can access" im Gegensatz zu „You are what you own" verdeutlicht den Wandel der Sichtweise. (Belk, 2014, S. 1595)

Schlüsselereignis für die Suche nach einer nachhaltigeren Konsumform war die Weltwirtschaftskrise im Jahr 2008. Die steigende Arbeitslosigkeit, die verringerte Kaufkraft sowie die erschwerte Kreditaufnahme resultierten in einem schlagartigen Bedürfnis Kosten zu senken und Zusatzeinnahmen zu generieren. (Dillahunt & Malone, 2015, S. 2)

Neben dem finanziellen Interesse werden ebenfalls das zunehmende Nachhaltigkeitsbewusstsein und der Wunsch nach sozialem Austausch als Gründe für die neue Form des Wirtschaftens genannt. Dabei gehen hohe Erwartungen an die Sharing Economy einher: Eine Dezentralisierung der Wertschöpfung, eine Steigerung von Sozialkapital und eine Umweltentlastung durch effizientere Ausnutzung begrenzter Ressourcen. (Heinrichs & Grunenberg, 2012, S. 2) Dieses Verlangen wird durch eine zunehmende Bevölkerungsdichte weiter verstärkt. (Owyang et al., 2013, S. 5)

Essentiell für das Aufstreben der Sharing Economy gilt außerdem die Weiterentwicklung von Informations- und Kommunikationssystemen. Vor allem das Web 2.0, die Möglichkeit der Vernetzung mit Gleichgesinnten sowie des Teilens von Beiträgen auf Internetseiten, ist integraler Bestandteil jeden Geschäftsmodells der

Sharing Economy. (Kim et al., 2015, S. 3) Somit entkräften soziale Netzwerke den Effekt des „double coincidence of wants" (Jevons, 2009, S. 3), da sich besagter „doppelter Zufall" im Internet mit erheblich größerer Wahrscheinlichkeit ergibt als auf lokalen Marktplätzen. (Stampfl, 2015, S. 17) Such- und Transaktionskosten werden demnach durch die Nutzung sozialer Netzwerke, jedoch auch durch die umfassende Kompatibilität mobiler Geräte wie Smartphones und Tablets erheblich gesenkt. Der Gebrauch von Apps lässt hier außerdem ein innovatives Zahlungssystem zu, um Transaktionen bequem und kostengünstig abzuwickeln. Zur Verdeutlichung dient das Beispiel „Car Sharing". Während üblicherweise ein Schlüssel zur Öffnung der Türen eines Autos dient, wird im Falle von „Car2Go" intelligente Hardware in das Auto verbaut, welche die Öffnung mittels einer App erlaubt. Die Bezahlung im Anschluss an die Nutzung des Fahrzeugs erfolgt ebenfalls bargeldlos über ein mobiles Endgerät. (Puschmann & Alt, 2016, S. 93-94)

Die nachfolgende Abbildung fasst die vorangegangenen Argumente für die Entwicklung hin zur Sharing Economy zusammen.

 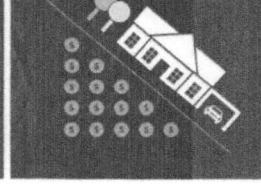 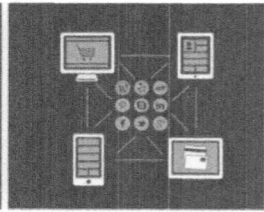

Soziale Aspekte
- Zunehmende Weltbevölkerung
- Nachhaltigkeitsstreben
- Wunsch nach Gemeinschaft

Ökonomische Aspekte
- Monetarisierung nicht ausgelasteter Kapazitäten
- Zunehmende finanzielle Flexibilität
- Vorzug kostengünstigeren Zugangs vor Eigentum
- Bereitstellung von VC für Startups

Technologische Aspekte
- Entwicklung sozialer Netzwerke
- Mobile Geräte und Apps
- Internetbasiertes Zahlungssystem

Abbildung 2-1: Treiber der Sharing Economy
Quelle: In Anlehnung an Owyang et al., 2013, S. 5

2.1.3 Aktuelle Marktsituation

Aufgrund unterschiedlicher Definitionsauslegungen zum Begriff der „Sharing Economy" variieren die Daten über das Marktvolumen stark. Während 2013 das weltweite Marktvolumen auf 26 Milliarden US-Dollar geschätzt wurde, dürfte sich dies aufgrund zunehmender Bekanntheit und laufender Adaption innovativer

Geschäftsmodelle vervielfacht haben. (Cannon & Summers, 2014, S. 25) Die Wirtschaftsprüfungsgesellschaft PwC bewertete das Marktvolumen mit 15 Milliarden US-Dollar im Jahr 2015 deutlich konservativer, prognostizierte aber ein Wachstum auf bis zu 335 Milliarden US-Dollar bis 2025. (PwC, 2015, S. 14) 2016 stieg das Marktvolumen auf 28 Milliarden US-Dollar an - gleichzeitig korrigierte PwC deren prognostiziertes Marktvolumen auf 570 Milliarden US-Dollar in 2025. (PwC, 2016)

Allein in Europa wurde 2015 das Marktvolumen der Sharing Economy auf 3,6 Milliarden Euro geschätzt, was nach damaligem Wechselkurs in etwa 4 Milliarden US-Dollar entsprach. (Vaughan & Daverio, 2016, S. 12) Ein Jahr zuvor war das Marktvolumen noch bei 1,8 Milliarden und 2013 gerade einmal bei 1,0 Milliarden Euro. Abbildung 2-2 stellt die Marktvolumina der drei Vergleichsjahre dar und verdeutlicht das rasante Wachstum.

Durchschnittlich werden etwa 15 Prozent eines jeden Transaktionswertes von der Vermittlungsplattform einbehalten, sodass ungefähr 85 Prozent des transferierten Geldes dem leistungserbringenden Peer zukommt. 2015 wurde in Europa demnach zufolge ein Transaktionswert von 28 Milliarden Euro geschaffen. An dieser Stelle sei angemerkt, dass der von der Plattform einbehaltene Prozentsatz branchenübergreifend aber auch branchenintern stark schwankt. (Vaughan & Daverio, 2016, S. 12) Abbildung 2-3 visualisiert das Wachstum des Transaktionswertes innerhalb Europas von 10,2 Milliarden Euro im Jahr 2013 auf 28,1 Milliarden Euro im Jahr 2015.

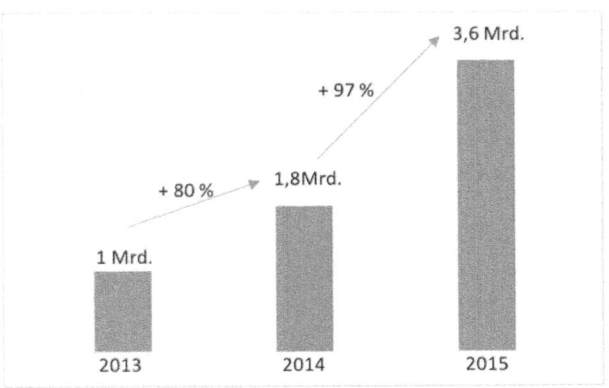

Abbildung 2-2: Marktvolumina der Sharing Economy in Euro
Quelle: In Anlehnung an Vaughan & Daverio, 2016, S. 14

Theoretische Grundlagen

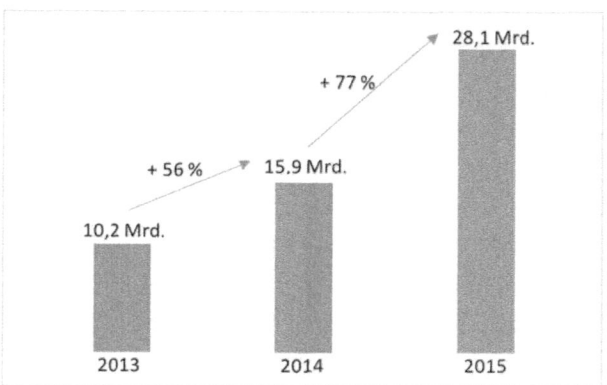

Abbildung 2-3: Transaktionswerte der Sharing Economy in Euro
Quelle: In Anlehnung an Vaughan & Daverio, 2016, S. 14

Grundsätzlich kann die Sharing Economy in sechs Industriezweige gegliedert werden: Ernährung, Gebrauchsgegenstände, Mobilität und Transport, Unterkünfte, Entertainment und Medien sowie Energie und Sanitäranlagen. (Plewnia & Guenther, 2017, S. 574) An den erzielten Umsätzen gemessen stellt dabei die Mobilität und der Transport – inkludiert werden das Ride Sharing, Car Sharing und Driveway Sharing – den größten Sektor innerhalb Europas dar. Demnach wurden 2015 hier knapp 1,7 Milliarden Euro Umsatz generiert. (Vaughan & Daverio, 2016, S. 13) In Nordamerika wurde 2016 dem Car Sharing Markt alleine ein Umsatz von 3,3 Milliarden US-Dollar zugerechnet. (Frost & Sullivan, 2010, S. 19)

Bewertet man die einzelnen Sektoren nach dem erzielten Transaktionswert, stehen Airbnb und weitere Anbieter für Unterkünfte an erster Stelle. Wie Tabelle 2-2 zeigt, ist deren Transaktionswert fast dreimal so hoch wie der des Transport- und Mobilitätssektors. Auf das Geschäftsmodell und die Motive zur Nutzung der Angebote von Airbnb wird im Laufe der Arbeit genauer eingegangen.

Sektor	Umsatz	Transaktionswert
Unterkünfte	1.150	15.100
Transport und Mobilität	1.650	5.100

Tabelle 2-2: Umsatz und Transaktionswert der Industriesektoren "Unterkünfte" und "Transport und Mobilität" in Millionen Euro
Quelle: In Anlehnung an Vaughan & Daverio, 2016, S. 13

Neben dem Industriesektor werden drei weitere Dimensionen zur Charakterisierung von Sharing Economy Aktivitäten genutzt – das geteilte Gut oder Service, die vorherrschende Marktstruktur und ob es sich um eine profitorientierte oder nichtprofitorientierte Organisation handelt. (Plewnia & Guenther, 2017, S. 573-576)

Generell versteht man unter teilbaren Gütern im Sinne der Sharing Economy Güter mit überschüssiger Kapazität, welche das Verleihen oder Mieten des jeweiligen Guts erlauben. Überschüssige Kapazität ist nach dieser Definition erst dann gegeben, wenn der Besitzer das Produkt nicht die ganze Zeit konsumiert. Mit dem Großteil aller Konsumgüter geht überschüssige Kapazität einher wie z. B. Häuser, Autos, Boote, Kleidung oder Bücher. Ausnahmen dieser Definition von teilbaren Gütern stellen beispielsweise Brillen und Mobiltelefone dar. Selbst wenn ein Mobiltelefon nicht ununterbrochen in der Hand gehalten wird, wird es aufgrund der permanenten Erreichbarkeit konsumiert. (Frenken & Schor, 2017, S. 5)

Die Dimension des geteilten Guts oder des Services kann anhand der Tangibilität in acht Kategorien separiert werden: Rohmaterialien, Produkte zur Redistribution, Product Service Systems (PSS), Raum, Finanzielle Mittel, Arbeitskräfte, Wissen sowie Daten und Informationen. Abbildung 2-4 stellt diese Kategorien geordnet von tangibel zu intangibel dar. Während Rohstoffe und -materialien als tangibel bezeichnet werden, stellen Daten und Informationen das intangible Ende des Spektrums dar. (Plewnia & Guenther, 2017, S. 573-574)

Des Weiteren lässt die Klassifizierung nach dem primären Ziel von Sharing Economy Aktivitäten eine Einteilung in Forprofit- und Nonprofit-Unternehmungen zu. Das primäre Ziel der Nutzer profitorientierter Unternehmungen stellt dabei stets die Maximierung ökonomischer Vorteile der Kunden dar. Nichtprofitorientierte Aktivitäten hingegen stellen oftmals die Bildung einer Gemeinschaft in den Vordergrund. Weitere Ziele können hier eine Verringerung des Ressourcenverbrauchs oder die Aufrechterhaltung sozialer Bindungen sein. (Plewnia & Guenther, 2017, S. 576)

Es sei an dieser Stelle darauf hingewiesen, dass sich diese Dimension nicht an dem Geschäftsmodell des jeweiligen Unternehmens orientiert, sondern ausschließlich danach, ob eine finanzielle Leistungskompensation stattfindet. So kann ein Unternehmen wie „Couchsurfing" als Nonprofit-Unternehmung sehr wohl eigene Einnahmen generieren und Gewinnmaximierung als oberste Priorität festlegen, während jedoch keine finanzielle Transaktion zwischen den einzelnen Nutzern stattfindet.

Die Marktstruktur ist ein weiteres mögliches Unterscheidungskriterium zur Einordnung von Aktivitäten des Teilens in der Sharing Economy. Während Plewnia und Guenther eine Unterscheidung in den B2B-, B2C-, C2B-, C2C- und den G2C-Markt vornehmen (Plewnia & Guenther, 2017, S. 575-576), wird sich in dieser Arbeit aufgrund der angenommenen Definition der „Sharing Economy" auf den C2C-Markt beschränkt.

Die folgende Abbildung visualisiert die Dimensionen zur Klassifizierung.

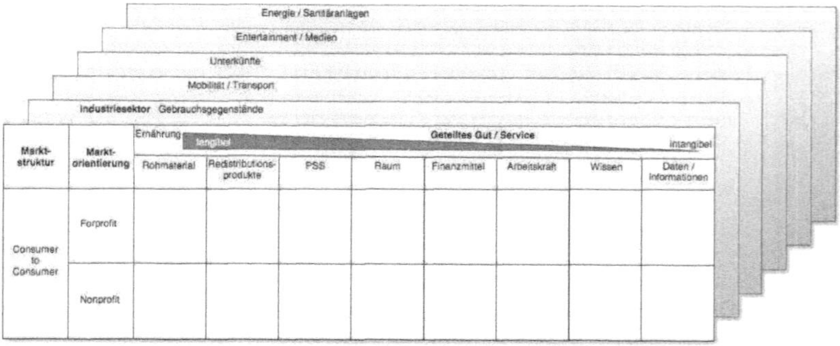

Abbildung 2-4: Klassifizierung von Sharing Economy Aktivitäten
Quelle: In Anlehnung an Plewnia & Guenther, 2017, S. 574

2.2 Geschäftsmodelle der Sharing Economy

„The Collaborative Economy [gleichbedeutend mit Sharing Economy] is exploding, and brands that ignore it are out of luck" (Fast Company, 2014)

So lautet die Überschrift eines Artikels des Technologie- und Businessmagazins „Fast Company" über den Einfluss der Sharing Economy auf bestehende Unternehmen.

Die Monetarisierung überschüssiger Kapazität teilbarer Güter im C2C-Bereich stellt demnach eine vielversprechende Möglichkeit der Wertschöpfung dar. Nach Owyang et al. ist jedes Unternehmen von der Sharing Economy betroffen, vor allem jedoch diese, welche Produkte mit hohem Anschaffungspreis, Produkte mit geringer Verwendungsdauer, oder einfach übertragbare Produkte vertreiben. (Owyang et al., 2013, S. 14)

„Don´t get netflixed: Your current business model isn´t going to last much longer" (Kaplan, 2012, S. 3) betont die Dringlichkeit zur Veränderung traditioneller Geschäftsmodelle.

Bevor drei verschiedene Unternehmen der Sharing Economy, und deren Geschäftsmodelle analysiert werden, wird im nachfolgenden Abschnitt der Begriff „Geschäftsmodell" definiert.

2.2.1 Definition des Begriffs „Geschäftsmodell"

Generell wird ein Geschäftsmodell als ein Statement, eine Beschreibung, eine Darstellung, ein Konstrukt, ein Konzept, eine Methode, ein Muster oder eine Zusammenstellung gesehen. (Afuah & Tucci, 2001, S. 52; Brousseau & Pénard, 2007, S. 82; Morris et al., 2005, S. 727; Osterwalder et al., 2005, S. 4; Seelos & Mair, 2006, S. 8; Stewart & Zhao, 2000, S. 290; Timmers, 1998, S. 2; Weill & Vitale, 2001, S. 30)

Andere Autoren pflegen außerdem die Definition des „Geschäftsmodells" als Rahmen oder Struktur. (Zott, Amit, & Massa, 2011, S. 1022)

Während eine eindeutige Begriffsbestimmung fehlt, verkörpern alle in ausführlicher Literatur-recherche auffindbaren Definitionen allgemein die logische Funktionsweise eines Unternehmens, Gewinne zu erwirtschaften. Differenzen lassen sich hingegen im Hinblick auf die Konkretisierung der einzelnen Definitionen erkennen. (Burkhart et al., 2011, S. 6)

Sehr detailliert wird der Begriff von Timmers gedeutet, welcher ein Geschäftsmodell als das Konstrukt des Produkts, des Services und von Informationsflüssen zusammen mit allen an der Unternehmung Beteiligten beschreibt. (Timmers, 1998, S. 3) Außerdem beinhaltet hiernach ein Geschäftsmodell eine Beschreibung des Nutzens eines jeden Stakeholders, sowie der einzelnen Ertragsströme.

Des Weiteren existieren Unterschiede im Begriffsverständnis aufgrund der unterschiedlichen Herangehensweise an die Definition. (Burkhart et al., 2011, S. 6) Beispielsweise analysieren Osterwalder et al. beide Bestandteile des englischen Terms „Business Model" separat voneinander. Durch das Vereinen der einzelnen Definitionen kommen sie zu dem Entschluss, dass ein Geschäftsmodell ein konzeptionelles Werkzeug zur Beschreibung der Logik, nach der ein Unternehmen wirtschaftet, ist. Das Wertversprechen gegenüber diverser Kundengruppen, die Wertschöpfungsarchitektur und das Ertragsmodell stellen nach der Definition essentielle Bestandteile dar. (Osterwalder et al., 2005, S. 17) Weitere ausgewählte Definitionen zeigt die nachfolgende Tabelle.

Author(s)	Definition
Timmers, 1998, S. 2	The business model is "an architecture of the product, service and information flows, including a description of the various business actors and their roles; a description of the potential benefits for the various business actors; a description of the sources of revenues".
Magretta, 2002, S. 4	Business models are "stories that explain how enterprises work. A good business model answers Peter Drucker's age old questions: Who is the customer? And what does the customer value? It also answers the fundamental questions every manager must ask: How do we make money in this business? What is the underlying economic logic that explains how we can deliver value to customers at an appropriate cost?"
Morris et al., 2005, S. 727	A business model is a "concise representation of how an interrelated set of decision variables in the areas of venture strategy, architecture, and economics are addressed to create sustainable competitive advantage in defined markets". It has six fundamental components: Value proposition, customer, internal processes/competencies, external positioning, economic model, and personal/investor factors.
Johnson et al., 2008, S. 52	Business models "consist of four interlocking elements, that, taken together, create and deliver value". These are customer value proposition, profit formula, key resources, and key processes.

Tabelle 2-3: Ausgewählte Definitionen eines Geschäftsmodells
Quelle: In Anlehnung an Zott et al., 2011, S. 1024

Oftmals werden von der Literatur außerdem Elemente zur Strukturierung eines konkreten Geschäftsmodells vorgeschlagen. Nach Osterwalder und Pigneur kann dabei ein Geschäftsmodell in die neun Bestandteile Key Activities, Key Resources, Key Partners, Value Proposition, Customer Relationships, Channels, Customer Segments, Cost Structure und Revenue Streams unterteilt und getrennt voneinander analysiert werden. (Osterwalder & Pigneur, 2011, S. 16-17)

Kaplan wiederum orientiert sich an der Value Creation, Value Delivery und Value Capture zur Unterscheidung von Geschäftsmodellen. (Kaplan, 2012, S. 17)

Johnson et al. stellen die Customer Value Proposition und die Profit Formula zusammen mit den Key Resources und den Key Processes in den Vordergrund der Betrachtung. (Johnson et al., 2008, S. 60-61)

Die Tabelle 2-4 stellt die in diesem Sinnzusammenhang bisher aufgeführten Autoren und weitere Kriterien anderer Autoren zur Analyse von Geschäftsmodellen dar.

	Authors				
	Chesbrough & Rosenbloom, 2002, S. 533-534	Morris et al., 2005, S. 729-731	Johnson et al., 2008, S. 60-61	Osterwalder & Pigneur 2010, S. 18-19	Kaplan, 2012, S. 17
Key element	Value proposition	Value proposition	Customer value proposition	Value proposition	Value creation
	Market segment	Customers	Key resources	Customer segments	Value delivery
	Value network	Internal processes	Key processes	Customer relationships	Value capture
	Value chain	External positioning	Profit formula	Key partners	
	Revenue generation	Economic model		Key resources	
	Cost structure	Personal factors		Channels	
	Profit potential			Key activities	
				Cost structure	
				Revenue streams	

Tabelle 2-4: Schlüsselelemente eines Geschäftsmodells nach ausgewählten Autoren
Quelle: In Anlehnung an Barbu et al., 2018, S. 158-159

2.2.2 Bestandteile eines Geschäftsmodells

Im Rahmen dieser Arbeit richtet sich der Herausgeber nach Kaplan, wonach Geschäftsmodelle nach deren Ausprägung von Value Creation, Value Delivery und Value Capture unterschieden werden können. Im Folgenden werden diese drei Komponenten genauer erläutert.

2.2.2.1 Value Creation

Digitale Medien auf Grundlage der Entwicklung des Internets erlauben neue, vorher nicht realisierbare Wege der Wertschöpfung. (Zott et al., 2011, S. 1029) Dabei stellt der erzeugte Wert den Betrag dar, welchen Käufer für eine angebotene Leistung maximal bereit sind zu zahlen. Ein Wert im Sinne der Wertschöpfung und der korrelierende Betrag wird als Gesamterlös gemessen. Nach Porter gilt ein Unternehmen als profitabel, sobald der erzeugte und sogleich vom Kunden wahrgenommene Wert die Kosten, die im Rahmen des Leistungserstellungsprozesses angefallen sind, übersteigt. (Porter, 1985, S. 38) Der vom Kunden wahrgenommene Nutzen eines Produkts oder einer Leistung wird von diesem individuell und subjektiv bewertet. (Bowman & Ambrosini, 2000, S. 6-7)

Da das Kaufverhalten in Käufermärkten das Angebot an Gütern maßgeblich beeinflusst, ist der Kunde in den Prozess der Value Creation oftmals involviert. (Grönroos & Voima, 2013, S. 135)

Generell werden im Hinblick auf erfolgversprechende Geschäftsmodelle vier potentielle Möglichkeiten zur Wertschöpfung aufgeführt: die Neuartigkeit, der Lock-in-Effekt, Komplementaritäten und Effizienzen. (Amit & Zott, 2012, S. 45-46)

„Neuartigkeit" beschreibt hier den Grad der Neuheit einer Geschäftsmodellinnovation. (Amit & Zott, 2012, S. 45)

Als „Lock-in" werden solche Geschäftsmodelle bezeichnet, bei denen Wechselkosten und der Aufwand des Wechsels hin zu alternativen Angeboten die Kunden an das eigene Unternehmen binden. Als Beispiel für ein solches Vorgehen dient die Nespresso Deutschland GmbH, die eine neue kostengünstige Espressomaschine in den Markt einführte. Diese Nespresso-Maschine ist nur mit markengleichen Kaffeekapseln verwendbar, sodass ein Wechseln der Kaffeekapseln zu anderen Herstellern gleichzeitig den Kauf und die Nutzung einer neuen Kaffeemaschine implizieren würde. Nespresso profitiert somit beim Verkauf einer Kaffeemaschine nicht nur von dem erwirtschafteten Umsatz der Kaffeemaschine, sondern auch konkludent von den Verkäufen der für die Nutzung notwendigen Nespresso-Kaffeekapseln. (Amit & Zott, 2012, S. 45)

Weiter sind „Komplementaritäten" eine dritte Möglichkeit eines wertschöpfenden Geschäftsmodells. Hier tritt durch Interdependenzen zwischen Aktivitäten von verschiedenen Unternehmensprozessen Wertschöpfung auf. Für eBay als Internetplattform zum Kauf und Verkauf von Waren gilt beispielsweise ein Zahlungssystem, welches Käufern das Zahlen mittels einer Kreditkarte erlaubt, auch wenn der Verkäufer keinen Zugang zu Kreditkartenservices hat, als essentiell. PayPal als Online-Zahlungssystem ermöglicht genau diesen Vorgang. Nur so kann ein solcher Prozess der Kauftransaktion abgeschlossen werden, sodass PayPal als komplementär zu eBay gesehen wird. (Amit & Zott, 2012, S. 45-46)

„Effizienzen" stellen abschließend die vierte Möglichkeit zur Wertschöpfung innerhalb eines Geschäftsmodells dar. Verringerte Kosten, insbesondere geringere Transaktionskosten, stehen im Mittelpunkt der Betrachtungen. So hat es beispielsweise Wal-Mart als Einzelhandelskette geschafft, durch die Implementierung des „Cross Docking"-Prozesses eine kosteneffiziente Logistik zu etablieren. Mit Ausgestaltung weiterer effizienter Prozesse konnte Wal-Mart so einen Wettbewerbsvorteil gegenüber seinen Konkurrenten generieren. (Amit & Zott, 2012, S. 46)

Koopman et al. haben des Weiteren fünf Handlungsalternativen für eine Wertschöpfung in der Sharing Economy identifiziert (Koopman et al., 2014, S. 531-532), welche nachfolgend beschrieben werden:

- Indem man für die Kunden eine Möglichkeit zur Nutzung von Autos, Küchen, Apartments und Eigentum anderer schafft.
- Indem man über eine Plattform mehrere Anbieter und Nachfrager im Markt zusammenbringt. Damit wird der Wettbewerb intensiver, was eine zunehmende Spezialisierung beider Marktteilnehmer erlaubt.

- Indem man den Aufwand für die Suche nach potentiellen Transaktionspartnern verringert. Das Erzeugen von Vertrauen zukünftiger Teilnehmer senkt weiter Transaktionskosten. Der Wettbewerb wird hier ebenfalls intensiviert.
- Indem man Bewertungen vergangener Transaktionspartner sammelt und potentiellen Marktteilnehmer zur Verfügung stellt. Dadurch kann das Problem der asymmetrischen Informationsverteilung erheblich gelindert werden.
- Indem man eine Möglichkeit zur Umgehung von Regulatorien schafft. Bestehende, möglicherweise ineffiziente, von Regulatorien geschützte Anbieter erfahren zunehmenden Effizienzdruck aufgrund neuer nicht von Regulatorien erfasster Anbieter. Der Wettbewerb wird auch hier intensiviert.

Im Laufe der Arbeit wird die Value Creation, und speziell die Motive zur Nutzung von Angeboten ausgewählter Unternehmen in der Sharing Economy, mittels einer quantitativen Studie spezifiziert.

2.2.2.2 Value Delivery

Dieser zweite integrale Bestandteil eines jeden Geschäftsmodells beschreibt generell, wie der im Sinne der Value Creation erzeugte Wert zu den Kunden gebracht werden kann. (Kaplan, 2012, S. 21) Probleme und Entscheidungen, wie Angebote den Kunden zugänglich gemacht werden, sind hierbei inkludiert. Des Weiteren werden alle unternehmerischen Ressourcen, Fähigkeiten, Aktivitäten und Handlungsoptionen zur Erreichung von Kunden miteinbezogen. Vor allem das Marketing, der Vertrieb, dessen Strategie sowie Vertriebskanäle sind essentielle Gestaltungsparameter der Value Delivery. (Magretta, 2002, S. 7)

Kaplan argumentiert, dass der Aspekt der Fähigkeiten von Menschen, Prozessen und Technologien getrieben wird und als Kern des Betriebsmodells einer Unternehmung zu verstehen ist. Weiter wird empfohlen, in der Organisation vorhandene Fähigkeiten aufzulisten und diese nach Relevanz in Bezug auf die Value Delivery zu sortieren, um darauf aufbauend ein adäquates Betriebsmodell zu entwickeln. Die Identifizierung von Kernaktivitäten sowie die Differenzierung zu Unterstützungsfunktionen hilft einer Unternehmung die für eine effektive Ausgestaltung der Value Delivery kritischen Fähigkeiten zu verstehen. (Kaplan, 2012, S. 23) Interdependenzen zwischen einzelnen Unternehmensprozessen und -funktionen werden dadurch transparent, sodass jeder Mitarbeiter positiv und gezielt zu einer erfolgreichen Value Delivery beitragen kann. (Kaplan, 2012, S. 29)

Nach Daeyoup und Jaeyoung bergen Entwicklungen von Informations- und Kommunikationstechnologien neue Möglichkeiten, Kunden einen Zugang zu angebotenen Produkten und Dienstleistungen zu verschaffen. (Daeyoup & Jaeyoung, 2015, S. 4) Außerdem beeinflusst die Gestaltung der Value Delivery die im nachfolgenden erläuterte Value Capture insofern, als dass der Zugang des Kunden zu dem angebotenen Produkt oder der Dienstleistung über den Kauf entscheidet. (Cortimiglia et al., 2016, S. 415) Insbesondere das Internet erlaubt innovative Lösungen der Value Delivery, welche verbesserte Konzepte für die Value Creation und die Value Capture begünstigen. (Daeyoup & Jaeyoung, 2015, S. 6)

2.2.2.3 Value Capture

Während im Rahmen der Value Creation der vom Kunden subjektiv wahrgenommene Nutzen im Vordergrund steht, verkörpert die Value Capture den Preis, welcher im Austausch für den zur Verfügung gestellten Nutzen gezahlt wird. Eine Kaufentscheidung wird dann getroffen, wenn die Konsumentenrente, also die Differenz aus dem Preis, den der Kunde für ein Gut zu zahlen bereit ist (Reservationspreis) und dem Gleichgewichtspreis, den der Kunde aufgrund der Marktverhältnisse tatsächlich zahlen muss (auch Marktpreis), größer als null ist. Der Kunde wählt das Produkt, bei welchem er die höchste Konsumentenrente erlangt. Vom produktanbietenden Unternehmen kann diese entweder durch die Erhöhung des wahrgenommenen Nutzens bei gleichen Marktpreis, oder durch die Verringerung des Marktpreises bei gleichen wahrgenommenen Nutzen vergrößert werden. Letzteres verdeutlicht der Vergleich zwischen Produkt B und Produkt C in Abbildung 2-5, während die Erhöhung der Konsumentenrente bei gleichen Marktpreis der Vergleich zwischen Produkt A und Produkt B visualisiert. Eine Verringerung des Marktpreises bei gleichzeitiger Erhöhung der Konsumentenrente stellt der Vergleich zwischen Produkt A und Produkt D dar. Die Rangfolge, welches Produkt der Kunde vor welchen bevorzugt, ist folgende: Produkt D > Produkt C > Produkt B > Produkt A. (Bowman & Ambrosini, 2000, S. 13)

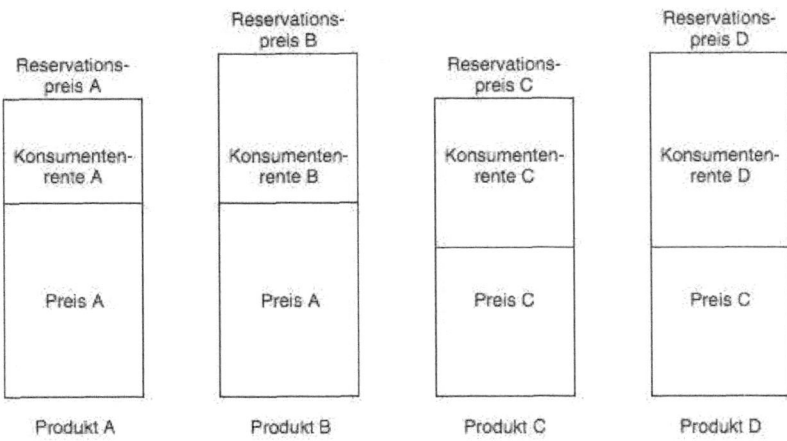

Abbildung 2-5: Reservationspreis, Marktpreis und Konsumentenrente
Quelle: In Anlehnung an Bowman & Ambrosini, 2000, S. 3

Primäres Ziel der Value Capture stellt die Generierung von Umsätzen für die Schaffung und das Bereitstellen eines für die Kunden relevanten Wertes dar. (Daeyoup & Jaeyoung, 2015, S. 2) Der realisierte Erlös wird dabei von den angebotenen Produkten und Dienstleistungen, Angeboten von Wettbewerbern und Kundenbedürfnissen bestimmt. Unternehmen mit einer starken Verhandlungsmacht sind zudem in der Lage, einen höheren Kaufpreis als Unternehmen mit einer geringen Verhandlungsmacht zu erzielen. (Bowman & Ambrosini, 2000, S. 9)

Einschlägiger Literatur zufolge existieren dabei mehrere Alternativen zur Realisierung von Einnahmen. Diese können allgemein in zwei verschiedene Gruppen eingeteilt werden: Einnahmen aus einer einmaligen Bezahlung des Kunden für eine Leistung und wiederkehrende, regelmäßige Einnahmen zur dauerhaften Bereitstellung einer Leistung. Eine solche Leistung kann auch eine im Anschluss an einen einmaligen Kauf geknüpfte zahlungspflichtige Kundenbetreuung darstellen. (Osterwalder & Pigneur, 2011, S. 30)

Die nachfolgende Tabelle 2-5 erläutert ausgewählte mögliche Einnahmequellen.

Revenue Streams	Description
Asset sale	The most widely understood Revenue Stream derives from selling ownership rights to a physical product. Amazon.com sells books, music, consumer electronics, and more online. Fiat sells automobiles, which buyers are free to drive, resell, or even destroy.
Usage fee	This Revenue Stream is generated by the use of a particular service. The more a service is used, the more the customer pays. A telecom operator may charge customers for the number of minutes spent on the phone. A hotel charges customers for the number of nights rooms are used. A package delivery service charges customers for the delivery of a parcel from one location to another.
Subscription fees	This Revenue Stream is generated by selling continuous access to a service. A gym sells its members monthly or yearly subscriptions in exchange for access to its exercise facilities. World of Warcraft Online, a Web-based computer game, allows users to play its online game in exchange for a monthly subscription fee. Nokia's Comes with Music service gives users access to a music library for a subscription fee.
Lending/Renting/Leasing	This Revenue Stream is created by temporarily granting someone the exclusive right to use a particular asset for a fixed period in return for a fee. For the lender this provides the advantage of recurring revenues. Renters or lessees, on the other hand, enjoy the benefits of incurring expenses for only a limited time rather than bearing the full costs of ownership. Zipcar.com provides a good illustration. The company allows customers to rent cars by the hour in North American cities. Zipcar.com's service has led many people to decide to rent rather than purchase automobiles.
Advertising	This Revenue Stream results from fees for advertising a particular product, service, or brand. Traditionally, the media industry and event organizers relied heavily on revenues from advertising. In recent years other sectors, including software and services, have started relying more heavily on advertising revenues.

Tabelle 2-5: Ausgewählte Einnahmequellen
Quelle: In Anlehnung an Osterwalder & Pigneur, 2011, S. 31-32

Des Weiteren unterscheidet man hinsichtlich der Value Capture die Preismechanismen „Fixed Pricing" und „Dynamic Pricing". Vordefinierte Preise basierend auf statischen Variablen bilden den Grundsatz des fixen Preismechanismus. Listenpreise für Produkte und Services dienen dabei als Beispiel. Unterschiedliche Preise, welchen verschiedenen Kundensegmenten angeboten werden, während die Preise innerhalb eines Kundensegments jedoch gleich sind, fallen ebenfalls unter den Begriff des „Fixed Pricing". (Osterwalder & Pigneur, 2011, S. 33)

Dynamische Preismechanismen werden hingegen von Marktbedingungen abhängigen, kurzfristigen Preisänderungen charakterisiert. Der von den jeweiligen Verhandlungsstärken und -geschicklichkeiten ausgehandelte Preis innerhalb einer Verhandlung zwischen zwei oder mehreren Personen stellt ein Beispiel hierfür dar. (Osterwalder & Pigneur, 2011, S. 33)

Tabelle 2-6 zeigt neben den bereits genannten Beispielen weitere Exempel beider Preismechanismen.

| Fixed „Menu" Pricing | | Dynamic Pricing | |
Predefined prices are based on static variables		Prices change based on market conditions	
List price	Fixed prices for individual products, services, or other Value Propositions	Negotiation (bargaining)	Price negotiated between two or more partners depending on negotiation power and/or negotiation skills
Product feature dependent	Price depends on the number or quality of Value Proposition features	Yield management	Price depends on inventory and time of purchase (normally used for perishable resources such as hotel rooms or airline seats)
Customer segment dependent	Price depends on the type and characteristic of a Customer Segment	Real-time-market	Price is established dynamically based on supply and demand
Volume dependent	Price as a function of the quantity purchased	Auctions	Price determined by outcome of competitive bidding

Tabelle 2-6: "Fixed Pricing" versus "Dynamic Pricing"
Quelle: In Anlehnung an Osterwalder & Pigneur, 2011, S. 33

2.2.3 Geschäftsmodelltypen der Sharing Economy

Anhand der Ausprägung der Value Creation als primäres Unterscheidungskriterium können Geschäftsmodelle in der Sharing Economy in „Access-based"-Geschäftsmodelle, „Marketplace"-Geschäftsmodelle und „On-Demand Service Provider"-Geschäftsmodelle unterschieden werden. Es wird angemerkt, dass nicht alle Unternehmen in der Sharing Economy charakteristisch eindeutig in nur eine der genannten Arten passen. Nach der von Barbu et al. durchgeführten Analyse mehrerer Unternehmen fallen diverse Überschneidungen einzelner Aspekte zwischen den drei Geschäftsmodellarten auf. (Barbu et al., 2018, S. 4-7; Demary, 2015, S. 159)

Im Folgenden wird jede dieser drei erläutert und die grundlegende Funktionsweise anhand eines Beispiels erörtert.

2.2.3.1 „Access-based"-Geschäftsmodell am Beispiel „SnappCar"

Nicht vollends ausgenutzte Ressourcen stellen die Basis dieser Geschäftsmodelle dar. Aus diesem Grund wird der Begriff des „Surplus Capacity"-Geschäftsmodells synonym hierzu verwendet. Während im traditionellen Kaufgeschäft ein Eigentumsübergang vom Verkäufer zum Käufer stattfindet, wird hier dem Erwerbenden über eine Internetplattform lediglich ein temporäres Zugangsrecht für das entsprechende Produkt eingeräumt. (Barbu et al., 2018, S. 159) Es sei an dieser Stelle nochmals darauf hingewiesen, dass nach der für die Arbeit angenommene Definition der „Sharing Economy" nicht zwingend eine finanzielle Kompensation für die Erhaltung des Zugangs erforderlich ist.

Durch die im Vergleich zum Eigentumserwerb oftmals kostengünstige Option der Zugangsnutzung können bestimmte Personengruppen Produkte nutzen, welche sie sich bisher nicht leisten konnten oder aufgrund weiterer Aufwendungen, wie Kosten für einen Parkplatz im Falle von Car Sharing, nicht leisten wollten. (Bardhi & Eckhardt, 2012, S. 881)

Dass Nachfrager durch die Nutzung eines Produkts oder einer Dienstleistung nicht einhergehend Eigentümer dessen werden, stellt die Value Creation solcher Geschäftsmodelle in den Vordergrund. (Barbu et al., 2018, S. 159-160)

Die Plattform, über die Angebote mit den Nachfragern kommuniziert werden, sowie ferner das Internet, listet die verschiedenen Orte, an welchen die Produkte und Dienstleistungen verfügbar sind und gilt als wichtigstes Element im Sinne der Value Delivery. (Barbu et al., 2018, S. 160)

Durch die Bezahlung einer Nutzungsgebühr – meistens für die Zeit, in der die Güter verwendet werden – werden Umsätze innerhalb des „Access-based"-Geschäftsmodells generiert, was die Value Capture darstellt.

Traditionelle Unternehmen haben oftmals das Potential der Servitization erkannt und realisiert, sodass man auch vom „Product as a service"-Geschäftsmodell spricht. (Barbu et al., 2018, S. 4; Fritze et al., 2018, S. 160) Da diese Unternehmen jedoch Eigentümer deren Produkte sind, und der nach der für die Arbeit angenommenen Definition der „Sharing Economy" zwingende Charakter des P2P-Teilens fehlt, ist die Anpassung des traditionellen Geschäftsmodells hin zur Servitization nicht von der Sharing Economy erfasst.

Als Beispiel für ein Unternehmen mit einem „Access-based"-Geschäftsmodell dient der P2P-Car-Sharing-Anbieter SnappCar. Das 2011 in Utrecht gegründete Unternehmen wirbt mit der einfachen, günstigen und „flexible[n] Alternative zum eigenen Auto." Mit der im August 2017 abgeschlossenen Übernahme einer der führenden deutschen Konkurrenten „Tamyca" gelang es SnappCar seine Mitgliederzahl in Europa um rund 200 Tausend auf knapp 400 Tausend zu erhöhen. Neben Deutschland und den Niederlanden ist das Unternehmen außerdem in Schweden und Dänemark tätig. (WiWo, 2017)

Oftmals werden etwaige Güter nur für die gelegentliche Nutzung gekauft – diese sind meistens jedoch nicht vollends ausgelastet. So hat beispielsweise ein in den USA durchschnittlich genutztes Auto eine Auslastung von weniger als fünf Prozent dessen verfügbarer Zeit. (Benjaafar et al., 2018, S. 477)

SnappCar vermittelt Autobesitzer mit Menschen, die lediglich einen temporären Zugang zu einem Auto suchen. Auf der Internetplattform „www.snappcar.de"

können sich demnach Autobesitzer, welche ihr Auto kurzzeitig vermieten möchten, als auch Autosuchende registrieren. Dabei kann zwischen einer manuellen Registrierung mit Eingabe des eigenen Namens, Emailadresse, Geburtsdatum, Adresse und Passwort, und einer Anmeldung über die Social-Media-Plattform „Facebook" gewählt werden. Mit dem freiwilligen Hinzufügen eines Profilfotos sowie einer Beschreibung seiner Hobbys kann das Profil komplettiert werden. Durch den Empfang eines Verifizierungscodes an eine angegebene Rufnummer wird die Registrierung abgeschlossen. Des Weiteren kann die Sprache der Website mit der Einstellung von Deutsch auf Englisch an den jeweiligen Nutzer angepasst werden.

Mit „Schnell und einfach mit deinem Auto Geld verdienen" wird der Nutzer zur Vermietung seines Autos motiviert. Dafür müssen Kennzeichen, Marke, Modell, Autotyp, Kraftstoff und Baujahr eingetippt werden. Abhängig von den dabei gemachten Angaben wird ein für die Vermietung empfohlener Tagespreis angezeigt. Mittels eines Reglers kann dieser manuell erhöht und verringert werden. Eine beispielhafte Rechnung der monatlich erzielten Einnahmen abzüglich einer tagesweise berechneten Versicherungspauschale sowie einer SnappCar-Gebühr informiert den Nutzer zudem über dessen potentiellen Erlöse. Nach Einwilligung wird das Auto auf der Website gelistet. Fotos sowie weitere Angaben zum Auto und Verfügbarkeiten können nun nachträglich hochgeladen werden. SnappCar weist außerdem darauf hin, dass dem Vermieter die Nichtannahme einer Anfrage über dessen Auto offensteht. Ein rechtlicher Anspruch, mit Ausnahme der Option des Vermieters auf Sofortbuchung, auf ein über die Website gefundenes Auto besteht demnach nur nach Zusage des Vermieters. Außerdem können Auslandsfahrten und das Rauchen im Auto verboten werden. Auch ein Mindestalter sowie im Preis integrierte Freikilometer für die Mietung können festgesetzt werden. Sobald eine Person das inserierte Auto nutzen möchte, wird der Autoinhaber benachrichtigt und kann für den angefragten Nutzungszeitraum zu- oder absagen.

Als Autosuchender kann man den Ort sowie Abholungs- und Ablieferungsdatum in die Suchfunktion eingeben. Mit Anpassung der Parameter Preis pro Tag, Entfernung zum angegebenen Ort, Marke und Modell, Autotyp, Freikilometer pro Tag, Kraftstoff, Schaltung und Anzahl an Passagiere können die nun angezeigten Ergebnisse weiter eingegrenzt werden. Baujahr, die erlaubte Nutzung des Autos mit Kindern, Haustieren und ins Ausland, sowie einzelnes Zubehör im Auto schränken die Auswahl weiter ein. Sobald ein Auto für die Mietung ausgewählt wurde, wird eine Anfrage für das Auto und den gewünschten Zeitraum generiert. Bei positiver Rückmeldung kann das Fahrzeug zu einem abgemachten Zeitpunkt beim Besitzer abgeholt werden und die jeweilige Nutzungsgebühr wird über ein gewähltes übliches Zahlungsmittel eingezogen. Über die App werden zuvor seitens des Mieters noch der aktuelle Kilometerstand, die Höhe des Tankstandes sowie der Zustand des Fahrzeugs erfasst. Nach durchgeführter Begutachtung überprüft der Vermieter noch die Identität des Abholers anhand seines Führerscheins vor der Schlüsselübergabe. Im Rahmen des Rückgabeprozesses werden der neue Kilometerstand und der Tankstand überprüft. Nach erfolgreicher Durchführung erhält der Vermieter binnen weniger Tage den entsprechenden vereinbarten Tagessatz für die Bereitstellung seines Autos abzüglich der von SnappCar einbehaltenen Pauschale. Sollte das Fahrzeug im Mietzeitraum entstandene Schäden aufweisen, werden diese durch Fotos und einer Beschreibung der Entstehung dokumentiert und auf der Website hochgeladen. Innerhalb weniger Tage nimmt die Versicherungsgesellschaft Allianz SE Kontakt mit dem Vermieter auf, um das weitere Vorgehen zu besprechen.

SnappCar kooperiert hier mit der Allianz SE und bietet Vollkaskoversicherungsschutz bei allen über die Plattform getätigten Buchungen. Weiter sind Nutzer im Mietzeitraum im Falle einer Panne versichert, sodass Kosten für einen Abschleppdienst übernommen werden. Nach Angaben von SnappCar wird dann ein alternatives Transportmittel kostenfrei angeboten. Nicht nur die Vermittlung von Autobesitzern und Kurzzeitmietern, sondern auch die nach Angaben SnappCars erfolgte Überprüfung der Identität und Online-Daten jeden neuen Nutzers sind Teil des Werteversprechens. Auch die „künstliche" Erzeugung von Vertrauen zwischen den verschiedenen Nutzer durch eine professionell gestaltete Internetplattform gilt als essentiell für den Erfolg eines Unternehmens in der Sharing Economy. (Hawlitschek et al., 2016, S. 33) Mit der Aussage Botsmans "The currency of the new economy is trust" (Botsman in TEDGlobal, 2012) wird Vertrauen sogar als das wichtigste Kriterium für den Erfolg eines Unternehmens gesehen. Über ein integriertes Bewertungssystem können in Anschluss an die Mietung beziehungsweise Vermietung die interagierenden Personen vom jeweiligen Transaktionspartner bewertet werden.

Im Sinne der Value Creation bietet SnappCar seinen Kunden einerseits eine Möglichkeit freie Nutzungskapazitäten deren Autos auf schnelle und flexible Weise durch Vermietung zu monetarisieren, andererseits können potentielle Mieter Autos temporär nutzen, ohne ein Auto tatsächlich zu erwerben. Dementsprechend entfallen hierbei der Verwaltungsaufwand für die Anmeldung eines Fahrzeugs bei der zuständigen Behörde und weiterer Aufwand für die Abschließung einer

Versicherung. Des Weiteren erlaubt die im Vergleich zum Eigentumserwerb kostengünstigere Alternative Personengruppen die Nutzung eines Autos, welche meist, aufgrund erhöhter Kosten von Autovermietungen und dem Kauf eines Autos, darauf verzichten mussten. Durch die Interaktion mit einer professionell gestalteten Internetplattform werden weiter Suchzeiten verringert, Vertrauen erzeugt, und durch die mit der Mietung einhergehende Vollkaskoversicherung Schadensfälle übernommen. Kontakte können außerdem über das Senden von Nachrichten aufgebaut und gepflegt werden.

Die Internetplattform stellt das Schlüsselelement der Value Delivery SnappCars dar. Hier werden Inserate von Vermietern angezeigt und eigene können eingestellt werden. Außerdem können mittels eines Smartphones die SnappCar-App für iOS- und Android-Betriebssysteme heruntergeladen werden. Um potentielle Kunden für sich zu gewinnen, schaltet SnappCar des Weiteren Anzeigen auf Social-Media-Kanälen.

SnappCar generiert Einnahmen durch das Einziehen eines vom Mietpreis abhängigen Transaktionswertes. Dies stellt die Value Capture des Unternehmens dar.

Obwohl die Gestaltung der Value Creation SnappCars klar und schlüssig wirkt, fehlen Erkenntnisse über die primären Motive zur Nutzung dieses Angebots. Während ökologische und soziale Überlegungen nicht zu vernachlässigen sind, zählen ökonomische Aspekte als Schlüsselmotive zur Nutzung von Sharing Economy Angeboten. (Forno & Garibaldi, 2015, S. 217) Vor allem die eigene Nutzenmaximierung – darunter fallen der Aspekt geringerer Kosten, das Erlangen eines höheren Wertes sowie ein zunehmender Komfort – stellen den Ausgangspunkt der Betrachtungen dar. (Belk, 2009, S. 723; Pick & Haase, 2015, S. 11) Allerdings variieren die primären Motive zur Nutzung von Sharing Economy Angebote je nach Branche aber auch branchenintern stark. Aufgrund der Unklarheit darüber, warum Personen Angebote wie SnappCar primär nutzen, sollen durch eine Befragung aktueller und potentieller Nutzer Erkenntnisse über die Motive generiert werden.

Im Zuge dessen lautet die erste Hypothese, welche mit der Befragung bestätigt oder widerlegt werden soll:

Das primäre Motiv zur Nutzung von SnappCar zur Mietung eines Autos stellt die individuelle Nutzenmaximierung dar.

2.2.3.2 „Marketplace"-Geschäftsmodell am Beispiel „Airbnb"

Die Plattform und die Vertriebskanäle stellen die Grundlage des „Marketplace"-Geschäftsmodells dar. Der Marketplace dient als Treffpunkt von Anbietern und Nachfragern. Der Betreiber der jeweiligen Plattform bietet Nutzern den Zugang zu einzelnen Transaktionen. Abhängig von den Stakeholdern sowie der Ausrichtung des Unternehmens können die Schlüsselaktivitäten variieren. Weiter ergeben sich nach Barbu et al. für alle in einer Transaktion involvierten Parteien Vorteile insofern, als dass ohne die „Marketplace"-Plattform keine Güter zur Nutzung an die Zielgruppe übertragen werden könnten. (Barbu et al., 2018, S. 160) Somit wird vor allem bei Unternehmen mit einem „Marketplace"-Geschäftsmodell der Effekt des „double coincidence of wants" entkräftet.(Jevons, 2009, S. 3)

Die Value Creation bei „Marketplace"-Geschäftsmodellen besteht hauptsächlich in einem beschleunigten und sicheren Markt- und Transaktionszugang. Vor allem das Vernetzen von Anbietern und Nachfragern gilt als essentiell. (Barbu et al., 2018, S. 160)

Ähnlich wie bei „Access-based"-Geschäftsmodellen stellt die Internetplattform das wichtigste Mittel der Value Delivery dar. (Barbu et al., 2018, S. 160)

Einnahmen werden durch die Erhebung einer Gebühr von den an einem Tausch, einer Vermietung, oder einem Kauf bereits genutzter Güter beteiligten Parteien generiert. Durch das Zunehmen des für die Nutzer transparenten Angebots von Produkten und Services agieren diese Geschäftsmodelle oftmals in der Transport- und Unterkunftsbranche und gelten als direkte Wettbewerber zu etablierten Hotelketten. (Barbu et al., 2018, S. 160)

Bereits 2014 war die Unternehmensbewertung von Airbnb mit zehn Milliarden US-Dollar höher als die der Hyatt-Hotelkette. (Cannon & Summers, 2014, S. 25) Der Grundgedanke des Unternehmens kam jedoch schon 2007 auf, als während einer Konferenz in San Francisco zwei Universitätsabsolventen drei Matratzen auf dem Boden ihrer Wohnung auf einer Website inserierten. „AirBed & Breakfast" lautete der Titel der Anzeige, welcher sich später zu dem Unternehmensnamen eines der weltgrößten Sharing Economy Unternehmens entwickelte.

Kurz darauf, zusammen mit einem weiteren Freund, wurde eine Internetplattform programmiert, um anderen Personen ebenfalls die Möglichkeit zu geben, nicht genutzte Räume oder Flächen als „Shared Accomodation" zu vermieten. Nachdem die Gründer einen moderaten Erfolg, vor allem während der Democratic National Convention, erfuhren, wurde die Website 2009 überholt, sodass auch das Mieten ganzer Wohnungen und Häuser möglich war. Im Zuge dessen wurde außerdem die Internetadresse auf die heutige „*www.airbnb.com*" geändert. (Guttentag, 2015, S. 1192) Seitdem ist Airbnb hinsichtlich der Nutzer enorm gewachsen, sodass bis 2017 weltweit vier Millionen Unterkünfte inseriert wurden. Damit bietet Airbnb mehr Unterkünfte, als die fünf größten Hotelketten an Zimmern haben. Außerdem ist das Unternehmen nach eigenen Angaben in mindestens 191 Ländern vertreten und hat seit 2008 nicht weniger als 200 Millionen Gäste weltweit untergebracht. (Airbnb, 2017)

Nach Zervas et al. bewirkt in Texas (USA) ein Unternehmenswachstum Airbnbs um zehn Prozent einen Umsatzrückgang traditioneller Hotels um 0,39 Prozent. (Zervas et al., 2017, S. 688) Aufgrund des innovativen Geschäftsmodells kommt Airbnb nach Christensen & Raynor ein disruptiver Charakter zu. (Guttentag, 2015, S. 1194)

Airbnb beschreibt sich selbst als „Accomodation marketplace". (Airbnb press room[1], 2019) So können sich Nutzer auf der Internetplattform kostenlos registrieren, um als Gastgeber ein Zimmer in einer Wohnung, eine ganze Wohnung oder ein Haus zu vermieten. Ähnlich wie bei SnappCar ist dies mit Facebook möglich. Ferner wird auch die Registrierung mit einem Google-Konto oder einer Email-Adresse angeboten. Entscheidet man sich für die Registrierung mit einer Email-Adresse müssen Angaben über den Vor- und Nachnamen sowie über das Geburtsdatum gemacht werden. Das Mindestalter zur Nutzung von Airbnb beträgt 18 Jahre, welches hierdurch kontrolliert wird. Zusätzlich wird vom Nutzer ein Passwort festgelegt, mit dem er sich später in seinen Account einloggen kann. Nach Zustimmung der Nutzungsbedingungen, der Zahlungsbedingungen und der Antidiskriminierungsrichtlinie kann ein Profilbild hinzugefügt werden. Auch hier kann über eine Verknüpfung das jeweilige Facebook-Profilfoto gewählt werden. Das Eintippen der eigenen Rufnummer wird empfohlen, damit die telefonische Erreichbarkeit gewährleistet ist. Mit dem Erhalt einer Bestätigungsemail und dem Klick auf die Schaltfläche „E-Mail-Adresse bestätigen" wird der Account aktiviert. Anschließend können Kontakte über Email-Adressen synchronisiert werden, um Reisepläne zu teilen und Freunde zu werben.

Zum Inserieren einer Unterkunft werden zunächst Angaben gefordert, ob es sich um eine Wohnung, ein Haus, ein Boutique-Hotel oder etwas anderes handelt. Im Falle einer Wohnung kann die Unterkunft hinsichtlich der Auswahl einer gesamten Wohnung, eines Privatzimmers und eines gemeinsamen Zimmers weiter spezifiziert werden. Nach Beantwortung der Frage, ob es sich um einen privaten oder gewerblichen Gebrauch handelt, können die Anzahl der in der Unterkunft vorhandenen Betten, Schlafzimmer sowie die Anzahl der Gäste, die in der Unterkunft übernachten können, eingegeben werden. Weiter wird nach der Aufteilung der Betten auf die einzelnen Zimmer und den Bettgrößen gefragt. Bevor die Adresse der Unterkunft eingetippt werden kann, müssen Angaben zur Anzahl der Badezimmer gemacht werden. Des Weiteren kann der Vermieter das Inserat mit der von ihm bereitgestellten Ausstattung ergänzen. Hier können für die Gäste zur Nutzung freie Räume wie Aufzüge oder Swimmingpools genannt und eine Kurzbeschreibung der Wohnung sowie Fotos und der Titel der Anzeige hinzugefügt werden. Auch hier wird, ähnlich wie bei SnappCar, auf die vom Unterkunftsort abhängig erzielbaren Mieteinnahmen hingewiesen. Optional kann die Verfügbarkeit der Wohnung eingetragen werden. Als Vermieter sind ein Profilfoto und die Angabe einer Telefonnummer obligatorisch, welche nachträglich hochgeladen werden können. Durch das Senden eines Verifizierungscodes wird der Account nochmals bestätigt. Abschließend können Hausregeln für die Gäste festgelegt werden, welche sich mit der Buchung konkludent einverstanden erklären. Außerdem kann sich der Vermieter zwischen einer Sofortbuchung, bei welcher der Unterkunftssuchende eine automatische systemtechnische Zusage über den Aufenthalt bekommt, und dem Prüfen jeder Anfrage entscheiden. Angaben über die Vorankündigungszeit zwischen einer Buchung bis zur tatsächlichen Reisezeit, über die Zeit des Check-ins, minimale und maximale Anzahl an Übernachtungen pro Buchung, Verfügbarkeiten der Unterkunft und die Festlegung des Preises komplettieren das Inserat. Bei letzterem kann ein Preis zwischen einem von Airbnb errechneten Mindest- und Höchstpreis gesetzt werden. Die von Airbnb empfohlene „intelligente Preisgestaltung" passt sich der wechselnden Nachfrage an und soll die Wettbewerbsfähigkeit des Inserats erhalten. Zusätzlich können bei länger als eine Woche beziehungsweise einen Monat andauernden Buchungen ein Wochen- und Monatsrabatt gewährleistet werden. Das Inserat der Unterkunft kann nun veröffentlicht werden.

Wird eine Unterkunft gesucht, kann auf „*www.airbnb.de*" der gewünschte Ort in die Suchleiste eingegeben werden. Anschließend kann die Ergebnisliste mittels Angaben der Reisedaten und der Gästezahl spezifiziert werden. Auch die Wahl der Unterkunftsart, die gewünschte Anzahl an Schlafzimmern und Betten, der Preis, Ausstattung, Hausregeln sowie die Suche nach einer Sofortbuchungsoption und die Sprache des Gastgebers schränken das Ergebnisspektrum weiter ein. Um die Lage der angezeigten Unterkünfte besser einschätzen zu können, wird eine Stadtkarte der jeweiligen Stadt angezeigt. In dieser sind alle den Angaben des Nutzers entsprechenden Unterkünfte eingetragen. Durch einen Klick auf eine der Unterkünfte können alle vom Vermieter für den öffentlichen Zugang gemachten Angaben eingesehen werden. Möchte der Suchende nun die Unterkunft buchen, muss auf die Schaltfläche „Buchen" geklickt werden. Auch hier muss sich der Nutzer mit einem gültigen Airbnb-Konto anmelden oder registrieren. Bevor eine Buchungsanfrage an den Vermieter gesendet wird – im Falle einer Sofortbuchung wird vielmehr eine Buchungsbestätigung an den Vermieter übermittelt – muss den Hausregeln zugestimmt werden. Mit einer genauen Anzahl der Gäste während des Aufenthalts und einer persönlichen Nachricht kann ein erster Kontakt mit dem Vermieter aufgenommen werden. Die Auswahl an Zahlungsmitteln zwischen Kreditkartenzahlung, poste-pay, iDEAL, Sofortüberweisung und PayPal lässt ein schnelles und bequemes Bezahlen der Unterkunft zu. Mit dem verbindlichen Klicken auf den Button „Bestätigen und bezahlen" wird automatisch den Hausregeln, den Stornierungsbedingungen und den Richtlinien für die Rückerstattung an Gäste zugestimmt. Den Stornierungsbestimmungen zufolge ist eine kostenlose Stornierung innerhalb der nächsten 48 Stunden möglich. Bis 24 Stunden vor Check-in wird eine vollständige Rückerstattung abzüglich der von Airbnb einbehaltenen Servicegebühr gewährleistet. In der Zeit der letzten 24 Stunden vor der festgelegten Check-in-Zeit wird zusätzlich zur Servicegebühr die erste Nacht der Unterkunft berechnet.

Nachdem der Aufenthalt beendet ist, werden sowohl Mieter als auch Vermieter dazu angehalten, den jeweiligen Gegenüber zu bewerten.

Wert im Sinne der Value Creation wird für den Kunden insofern erzeugt, als dass Vermieter nicht genutzten Wohnraum zur Nutzung anderer – sei es kurzzeitig oder mittelfristig – inserieren und Einnahmen generieren können. Weiter können Suchende über Angaben des Ortes, der Unterkunftsart und weiterer Parameter schnell eine geeignete Unterkunft finden. Auch hier wird über ein Bewertungssystem und einer professionell aufgebauten Website Vertrauen zwischen den Nutzern geschaffen. Die Möglichkeit der Übermittlung persönlicher Nachrichten während der Buchung lässt außerdem den interpersonellen Austausch zu. Elektronische Zahlungssysteme gewährleisten weiter ein schnelles und sicheres Bezahlen der Unterkunft. Verringerte Transaktionskosten sind hierbei die Konsequenz.

Die Value Delivery Airbnbs wird primär über die Internetplattform „*www.airbnb.de*" gestaltet. Während hier der durch die Vermittlung von Unterkünften erzeugte Wert den Kunden zugänglich gemacht wird, wirbt Airbnb auf sozialen Netzwerken mit geschalteten Anzeigen für passende Angebote. Außerdem gewährt Airbnb für von Nutzern geworbene Neukunden Rabatte auf die nächste Buchung. Des Weiteren betreibt Airbnb noch Außen- und Fernsehwerbung.

Einnahmen werden von Airbnb durch die Erhebung einer Transaktionsgebühr generiert. Demnach wird von Gästen eine sechs- bis zwölfprozentige, von Vermietern eine dreiprozentige Gebühr des Unterkunftspreises verlangt. (Airbnb, 2019)

Auch hier fehlen, ähnlich wie beim „Access-based"-Geschäftsmodell SnappCar, Erkenntnisse über die primären Motive zur Nutzung von Angeboten Airbnbs. Seitens der Literatur wird jedoch der ökonomische Vorteil als primärer Faktor vermutet. (Belk, 2009, S. 723; Pick & Haase, 2015, S. 11)

Deshalb wird für die nachfolgende Befragung folgende Hypothese aufgestellt:

Das primäre Motiv zur Nutzung von Airbnb zur Suche und Mietung einer Unterkunft stellt die individuelle Nutzenmaximierung dar.

2.2.3.3 „On-Demand Service Provider"-Geschäftsmodell am Beispiel „TaskRabbit"

Nach Barbu et al werden mit dem „On-Demand Service Provider"-Geschäftsmodell kundenspezifisch nachgefragte Services von anderen Personen oder spezialisierten Unternehmen erbracht. (Barbu et al., 2018, S. 160) Da diese Arbeit jedoch die Definition der Sharing Economy als „Peer-to-Peer-basierte Aktivität zum Erhalten, Veräußern oder Teilen einer Zugangsberechtigung von Gütern und Dienstleistungen" (Hamari et al., 2016, S. 2047) annimmt, werden in der Arbeit von Unternehmen vollzogene Leistungen vernachlässigt.

Vertriebskanäle stellen die Grundlage des Geschäftsmodelltyps dar, während deren genaue Ausprägung von der jeweiligen Zielsetzung des Unternehmens abhängt. Aufgrund der angefragten spezifischen Dienstleistung, und des deshalb notwendigen engen Kontakts zwischen Service-Anfrager („Clients") und -Erbringer („Tasker") wird ein hoher Grad an Vertrauen zwischen diesen beiden Parteien erzeugt. (Barbu et al., 2018, S. 160)

Value Creation bei einem „On-Demand Service Provider" wird durch das Paaren von Service-Anfragen und passenden, potentiellen Service-Erbringern erreicht. Durch die Internetplattform und einen Internetzugang werden Transaktionen effizient gestaltet. Außerdem können über ein Bewertungssystem vergangene Transaktionspartner evaluiert werden, was weiter die Suchkosten für zukünftige Services senkt. (Barbu et al., 2018, S. 160-161)

Die Internetplattform, viel mehr jedoch die Nutzung der Plattform, stellt die Value Delivery dar. (Barbu et al., 2018, S. 160)

Mit dem Erheben einer Gebühr von Nutzern werden Einnahmen des Unternehmens im Sinne der Value Capture generiert. (Barbu et al., 2018, S. 160)

Das 2008 gegründete Unternehmen TaskRabbit ist ein Beispiel mit einem „On-Demand Service Provider"-Geschäftsmodell. Dabei können registrierte Nutzer kleine Haushaltsaufgaben wie Putzen oder Einkaufen, ferner Alltagsaufgaben, outsourcen. Gleichzeitig können andere Nutzer angefragte Leistungen erbringen. Das Entgelt für diese Dienstleistung wird beim Inserieren der Anfrage angegeben. TaskRabbit fokussiert sich dabei vor allem auf körperliche Arbeiten im Gegensatz zu geistiger oder virtueller Arbeit. (Hannak et al., 2017, S. 1917; Teodoro, 2014, S. 1) Während sich andere „On-Demand Service Provider"-Unternehmen wie „Mechanical Turk" und „Gigwalk" mit einfachen und schnell zu erledigenden Aufgaben befassen, beschäftigt sich TaskRabbit mit komplexeren Tätigkeiten. (Teodoro et al., 2014, S. 2) Die nachfolgende Abbildung ordnet diesen drei eben genannten Unternehmen zusammen mit „Fancy Hands" deren jeweiligen Fokus auf die Art und dem Umfang der Aufgaben zu.

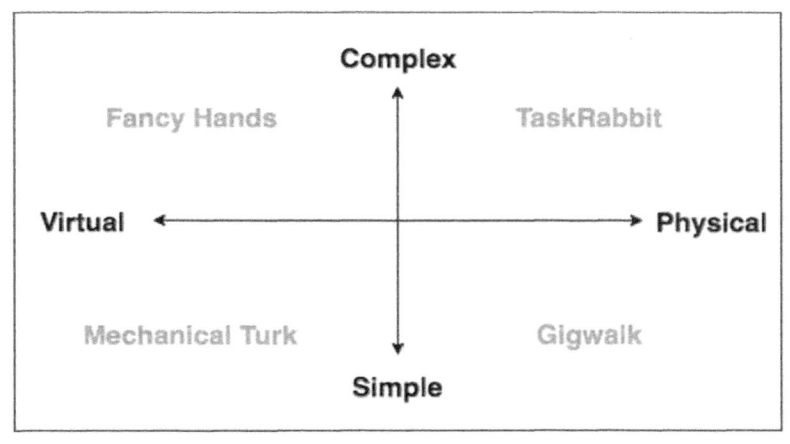

	Complex	
Fancy Hands		TaskRabbit
Virtual ←		→ **Physical**
Mechanical Turk		Gigwalk
	Simple	

Abbildung 2-6: Klassifizierung von "On-Demand Workforce Services"
Quelle: In Anlehnung an Teodoro et al., 2014, S. 2

Das Unternehmen mit Sitz in San Francisco (USA) wurde im September 2017 vom mulitnationalen Einrichtungskonzern IKEA aufgekauft. TaskRabbit war zu diesem Zeitpunkt in London und 40 US-Städten aktiv. (Handelsblatt, 2017) Zusätzlich stieg TaskRabbit nach der Übernahme in den kanadischen Markt ein. (TaskRabbit, 2018)

Dem Technologieblog „Vox" zufolge nutzten 2017 über 60.000 unabhängige Arbeiter die Plattform, während TaskRabbit im Oktober 2018 die Anzahl an Nutzern mit 140.000 angab. (Vox, 2017; TaskRabbit, 2018)

Die Mission von TaskRabbit ist nach eigenen Angaben „to make everyday life easier for everyday people". (TaskRabbit, 2018) Weiter verdienen nach TaskRabbit „Taskers" in den USA mit 35 US-Dollar pro Stunde in etwa die fünffache Höhe des dortigen Mindestlohns. Auch in Großbritannien sollen sie mit 24 Pfund pro Stunde weit über dem Mindestlohn liegen. (TaskRabbit, 2018)

Um Personen für eine Dienstleistung zu engagieren, können „Clients" auf der Internetplattform *„www.taskrabbit.com"* unter dem Reiter „Services" Informationen, wie Stundenpreise verschiedener „Tasker", eingesehen werden. Nach Anklicken des Buttons werden alle Servicekategorien gelistet, sodass eine Grobauswahl nach der jeweiligen Art der Beschäftigung getroffen werden kann. Dabei müssen Eingaben über den Ort, an dem der Service erbracht werden soll sowie den geschätzten Zeitaufwand gemacht werden. Je angefragten Service werden zusätzlich weitere Eingaben über notwendige Gegenstände gefordert. So kann bei einer Suche von „Taskern" für ein „Furniture Assembly" die notwendige Nutzung eines eigenen Autos ausgeschlossen werden. Außerdem kann in einem Textfeld die gesuchte Leistung spezifiziert und detailliert beschrieben werden. Nun werden alle zur Verfügung stehenden „Tasker" mit deren Profil und Preisen aufgelistet. Das Setzen von Parameter für das Datum der Dienstleistung und Bewertungen gesuchter „Tasker" schränken die Ergebniszahl ein und helfen für die Tätigkeit geeignete Personen zu finden. Das Profil gibt Auskunft über die Anzahl der in der Servicekategorie bereits ausgeführten Arbeiten, die erhaltenen Bewertungen, ob ein und welches Fahrzeug zur Verfügung steht, und eine vom „Tasker" selbst verfasste Beschreibung seiner Erfahrungen und seiner Person. Hat man nicht bereits über die Parameter ein Datum für die Erbringung des Services festgelegt, kann das nun nach Wählen eine „Taskers" nachgeholt werden. Um diesen nun tatsächlich zu engagieren, muss sich auf der Internetplattform registriert werden. Dazu sind Vor- und Nachname, Emailadresse, Passwort und Postleitzahl einzutippen. Alternativ kann eine Registrierung über ein Facebook- oder ein Google-Konto stattfinden. Eine Zustimmung der „Terms of Service" und „Privacy Policy" ist bei jeder der Optionen obligatorisch. Abschließend werden für die Beschäftigung des ausgewählten „Taskers" Kreditkarteninformationen zur Bezahlung gefordert. Es wird darauf hingewiesen, dass Geld erst nach Erbringung der Dienstleistung transferiert wird. Weiter werden zusätzlich zu dem vom „Tasker" gestellten Preis eine 15-prozentige Gebühr von der TaskRabbit-Plattform berechnet. Für Stornierungen innerhalb 24 Stunden bis zum vereinbarten Startzeitpunkt der Dienstleistung wird eine Gebühr in Höhe vom Stundenpreis des jeweiligen „Taskers" fällig. Eine dem Serviceerbringer ersichtliche Telefonnummer soll für solche, aber auch andere Absprachen, den Kontakt der beiden Parteien vereinfachen.

Möchte man als „Tasker" tätig werden ist ebenfalls eine Registrierung auf der Plattform unerlässlich. Schon auf der Startseite unter dem Reiter „Become a Tasker" wird die Funktionsweise dazu erläutert. Demnach erhalten „Tasker" Benachrichtigungen über potentielle Jobs in der Gegend. Anschließend können aus den Anfragen diejenigen ausgewählt werden, welche man annehmen möchte. Nach Detaillabsprachen mit dem „Client" wird die Leistung erbracht und eine Rechnung über die Arbeit kann auf der Plattform eingereicht werden – eine Entlohnung findet darauf hin statt.

Mit der Registrierung als „Tasker" werden neben den oben beschriebenen Informationen Daten über den gewünschten Arbeitsort, die Wohnadresse, das Geburtsdatum, das zur Verfügung stehende Fahrzeug, ob es sich bei einem genutzten Mobiltelefon um ein iPhone oder ein Android-Telefon handelt, und wie man auf die Internetplattform aufmerksam geworden ist, gefordert. Ein Profilfoto ist für das Fortfahren zwingend. Nach Bestätigung der Eingaben können gewünschte Services und Stundenpreise gewählt werden. Jede Servicekategorie wird nach dem Antippen kurz erläutert. Nach der Entscheidung, welche Services angeboten werden sollen, stimmt man der Tätigkeitsbeschreibung zu, sodass konkludent die eigenen Qualifikationen und Fertigkeiten bestätigt werden. Des Weiteren können die bisher gesammelten Erfahrungen auf einer Skala zwischen „No experience, but I am willing to learn" und „I am professionally certified in this skill" dargestellt werden. Mit dem Textfeld „Quick Pitch" kann die Eignung als „Tasker" verdeutlicht werden. Schließt man die Eingaben ab, muss einem Background-Check der eigenen Person zugestimmt werden. Um die Registrierung zu beenden, müssen Kreditkarteninformationen angegeben werden. Darüber wird TaskRabbit eine „non-refundable $20 registration processing fee" einziehen. Eine Garantie über das Finden eines Jobs wird seitens TaskRabbits trotzdem ausgeschlossen. Außerdem muss ein Bankkonto hinterlegt werden, worauf Zahlungen nach erfolgreicher Tätigkeitsausübung eingehen. Es können weiter in einem Kalender-Tool Tage markiert werden, an welchen man für die Ausübung von Dienstleistungen verfügbar ist. Sobald man für einen Service gebucht wurde, erhält man eine Benachrichtigung mit der Beschreibung des angefragten Services, der Telefonnummer des „Clients", dem Ort sowie Informationen über den Zeitraum und möglicherweise benötigte Materialien. Nach Ausübung der Tätigkeit sind „Taskers" dazu angehalten, innerhalb 24 Stunden nach Abschluss eine Rechnung dem „Client" mit der genauen Anzahl an Arbeitsstunden gegenüber zu stellen und diesen zu bewerten. Eine Bewertung des „Taskers" stellt anderen Nutzern die Zufriedenheit der erbrachten Leistungen dar.

Wie in den „TaskRabbit Terms of Service" ersichtlich ist, wird ein Wert im Sinne der Value Creation für die Nutzer durch das Herstellen einer Verbindung zwischen „Taskers" und „Clients" erzeugt. Mit der Durchführung einer Identitätsüberprüfung zur Registrierung als „Tasker" und der sich an eine Tätigkeit anschließende Bewertung wird außerdem ein Vertrauen bei den Service-Nachfragern geschaffen. Durch den Aufbau einer professionell gestalteten Website sowie notwendiger Nutzerprofile wird dieses Vertrauen intensiviert. Außerdem wird über obligatorische Kreditkarteninformationen Betrug vorgebeugt. Ein elektronisches Zahlungssystem vereinfacht weiter die Transaktion von Leistungskompensationen und ermöglicht bargeldloses Bezahlen. Arbeitsunfälle sind mit bis zu einer Million US-Dollar versichert. (Jungleworks, 2017)

„Taskers" können des Weiteren Einnahmen mit einem flexibel angepassten Zeitplan generieren. Positive Bewertungen von „Clients" ermöglichen unter Umständen außerdem das Erlangen höherer Stundensätze bei gleicher Buchungsfrequenz.

Die Website, die App für Android-Handys und iPhones sind essentiell für die Value Delivery TaskRabbits. Hier können zu erledigende Aufgaben, gleichzeitig aber auch Angebote als „Tasker" inseriert werden. Außerdem werden darüber alle Zahlungsvorgänge abgewickelt. Auch das Reputationssystem für Bewertungen im Anschluss an Tätigkeiten ist hier integriert. Task-Rabbit schaltet des Weiteren Anzeigen auf einschlägigen Social-Media-Plattformen. Dadurch soll der Bekanntheitsgrad weiter erhöht und neue Nutzer akquiriert werden. Für das Werben von Neukunden erhält der Werbende außerdem einen Coupon über 10 US-Dollar, welcher für das Outsourcing von Tätigkeiten eingelöst werden kann. Auch TaskRabbit versucht über Außenwerbung die Aufmerksamkeit von Zielgruppen zu gewinnen.

Einnahmen generiert TaskRabbit mit der Erhebung einer „Trust and Support fee" bei erfolgreicher Buchung eines „Taskers". Diese beläuft sich laut TaskRabbit auf 15 Prozent der Entlohnung für die erbrachten Arbeiten und werden vom „Client" eingezogen. Eine Gebühr für eine Registrierung als „Tasker" in Höhe von 20 US-Dollar gilt ebenfalls als weitere Umsatzquelle im Sinne der Value Capture.

Nach Teodoro et al. beeinflussen Preise maßgeblich die Wahl zwischen „Tasker". Auch die Bewertungen über bereits abgeschlossene Tätigkeiten gelten als bedeutende Referenz zur Beschäftigung. (Teodoro et al., 2014, S. 5)

Auch hier existieren nach ausführlicher Literaturrecherche bisher keine Erkenntnisse über die primären Motive zur Nutzung von Unternehmen mit einem „On-Demand Service Provider"-Geschäftsmodell. Um diese zu erforschen, wird für die nachfolgende Online-Befragung folgende Hypothese aufgestellt:

Das primäre Motiv zur Nutzung von TaskRabbit als „Client" stellt die individuelle Nutzenmaximierung dar.

3 Methodik

Zur Beantwortung der Forschungsfrage wird ein quantitativer Ansatz verfolgt. Mittels der von der Friedrich-Alexander-Universität Erlangen-Nürnberg verwendeten Online-Umfragesoftware „Unipark" sollen dabei nicht nur die im zweiten Gliederungspunkt aufgestellten Hypothesen überprüft, sondern auch Erkenntnisse über die Bekanntheit der „Sharing Economy" erlangt werden.

Um eine möglichst große Teilnehmerzahl zu erhalten, handelt es sich um eine offene und anonyme Online-Umfrage. Demnach kann jeder mit Zugang zum Internet sowie einem von „Unipark" unterstützten Endgerät daran partizipieren. Außerdem soll mit der offenen Gestaltung der Umfrage der Eindruck der Teilnehmer, es könne eine Identifizierung der Person anhand gemachter Antworten stattfinden, eliminiert werden. Weiter wird zur Erhöhung der Teilnehmerzahl neben dem Teilen eines Links zur Online-Umfrage auf den sozialen Netzwerken "Facebook", "Whatsapp" und „Xing" über das Profil des Herausgebers, eine Word-of-Mouth-Kommunikation zu Familienmitgliedern, Freunden und Bekannten des Bearbeiters unternommen.

Der Fragebogen der Online-Umfrage ist statisch, wobei die Bewertung verschiedener möglicher Motive zur Nutzung der untersuchten Geschäftsmodelle den Teilnehmern in randomisierter Reihenfolge angezeigt werden.

Eingeleitet wird der Online-Fragebogen mit der Startseite, welche das Thema und das Ziel der Befragung erläutert. Außerdem wird der Ersteller als Verantwortlicher der Umfrage genannt. Mit der Angabe über die Dauer von etwa fünf Minuten der Online-Umfrage wird der Teilnehmer auf den zeitlichen Aufwand hingewiesen.

Auf der zweiten Seite werden freiwillige demografische Angaben über das Alter und das Geschlecht der Probanden erhoben.

Die nachfolgende Seite erfragt die Bekanntheit des Begriffs „Sharing Economy". Außerdem wird dem Teilnehmer mit einer Definition der „Sharing Economy" zu einem generellen Verständnis über die Thematik verholfen.

Airbnb wird als erstes der drei Unternehmen auf der vierten Seite miteinbezogen. Dabei wird der Teilnehmer gefragt, ob er das Unternehmen kennt und ob er bereits mindestens einmal eine Unterkunft über die Internetplattform gemietet hat. Eine Beschreibung des relevanten Angebots des Unternehmens vermittelt dem Teilnehmer außerdem ein Verständnis zur Beantwortung nachfolgender Fragen.

Ein Vergleich zwischen zweier realer in Nürnberg-Mitte angebotener Unterkünfte mit deren Größe, Ausstattung und Preisen – eine stellt dabei ein Angebot der Metasuchmaschine „Boo-king.com" dar, die andere eines von Airbnb – leiten weitere Fragen zur Nutzung von Airbnb ein. Als erstes wird der Teilnehmer gefragt, für welches der beiden Angebote er sich entscheiden würde. Danach bewertet der Teilnehmer sieben Aussagen über die mit einer Airbnb-Buchung verfolgten Motive anhand der Richtigkeit. Dabei spiegeln drei der Aussagen die ökonomische, eine die ökologische und zwei die soziale Dimension von Motiven wider. Die Bewertung der jeweiligen Aussage ist mittels des Setzens eines Schiebereglers auf einer Skala von „1" bis „5" möglich. Während „5" eine Zustimmung der Aussage in vollem Umfang bedeutet, wird mit der Wahl einer „1" das Motiv als unbedeutend für den jeweiligen Teilnehmer deklariert. Da nur ganzzahlige Werte dabei angenommen werden können und kein Aussagegehalt über die Abstände der benachbarten Urteilsklassen existiert, handelt es sich hierbei um eine ordinale Skalierung. Dieselben Aussagen werden bei SnappCar und TaskRabbit ebenfalls bewertet. Die nachfolgende Abbildung 3-1 veranschaulicht diese randomisiert angezeigt in der Online-Umfragesoftware „Unipark". Dabei werden auf der rechten Seite die jeweilige Dimension der Aussage genannt.

Anschließend wird auf der nächsten Umfrageseite das Unternehmen SnappCar behandelt. Auch hier wird der Teilnehmer zunächst gefragt, ob er das Unternehmen kennt und ob er bereits ein Auto über die Plattform gemietet hat. Auch hier verhilft eine Beschreibung der Value Creation zu einem verbesserten Verständnis zur Bewertung der Aussagen zur Nutzung von SnappCar, welche sich auf der nächsten Seite nach einem Vergleich eines Angebots von einer Autovermietung mit einem SnappCar-Auto anschließt. Welches der beiden Angebote der Umfrageteilnehmer nutzen würde, wird ebenfalls gefragt.

TaskRabbit wird als letztes Unternehmen im Rahmen der durchgeführten Umfrage unter-sucht. Auch hier wird als erstes nach der Bekanntheit des Unternehmens beim Teilnehmer gefragt. Mit der Frage, ob er grundsätzlich TaskRabbit zur Vergabe von Arbeitsaufträgen nutzen würde, wird auf die Bewertung der Aussagen auf der nächsten Seite hingeführt. Zuvor wird jedoch, ähnlich wie bei Airbnb und SnappCar, das Unternehmen dem Teilnehmer kurz erläutert. Des Weiteren wählt der Befragte nach Erläuterung eines Fallbeispiels, welches Unternehmen – über TaskRabbit vermittelte Umzugshelfer oder einer professionellen Umzugs-firma – er dem anderen vorziehen würde.

Abschließend werden alle Teilnehmer der Umfrage nach der Höhe deren jährlichen Bruttoeinkommen befragt. Dabei kann die Auswahl zwischen null bis 100.000 Euro in 20.000-Euro-Schritten getroffen werden. Mit der Möglichkeit „Über 100 Tausend Euro" werden alle darüber liegenden Verdiener abgedeckt. Neben dem jährlichen Einkommen wird auch nach der vorangigen Beschäftigung gefragt. Hier können die Teilnehmer zwischen neun unterschiedlichen Optionen auswählen. Außerdem werden die Teilnehmer gefragt, ob sie in einer Stadt mit mehr als 100.000 Einwohnern leben. Diese und die vorherigen zwei Fragen sind für die Befragten nicht verpflichtend.

Methodik

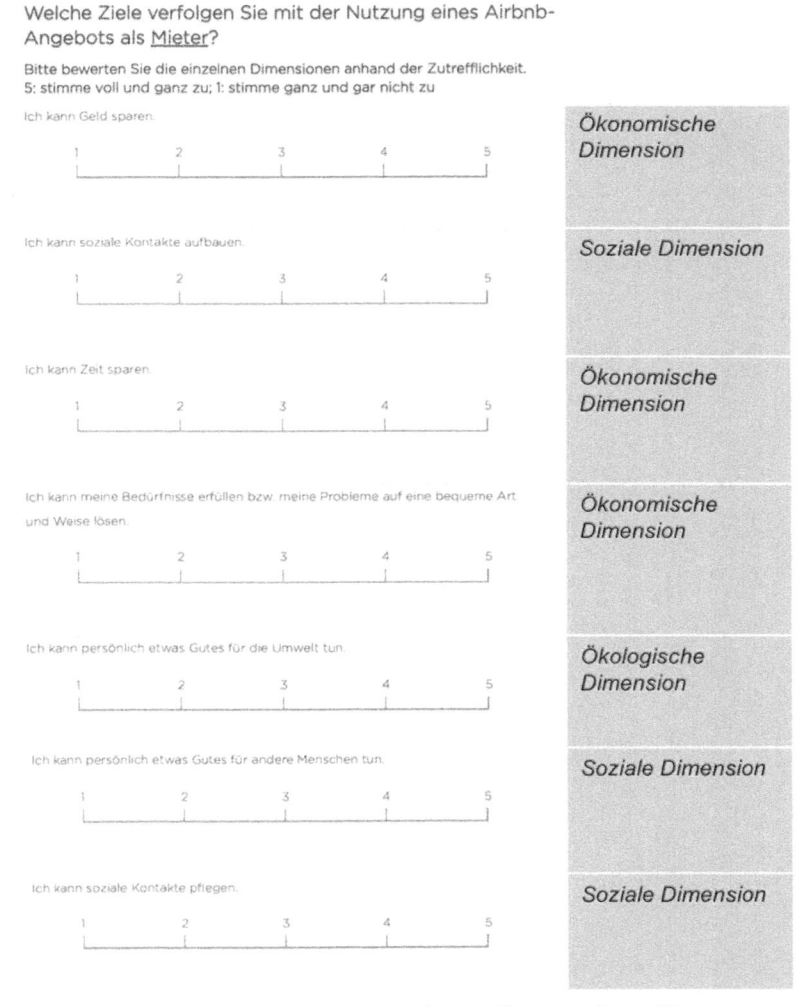

Welche Ziele verfolgen Sie mit der Nutzung eines Airbnb-Angebots als Mieter?

Bitte bewerten Sie die einzelnen Dimensionen anhand der Zutrefflichkeit.
5: stimme voll und ganz zu; 1: stimme ganz und gar nicht zu

Aussage	Dimension
Ich kann Geld sparen. (1–5)	Ökonomische Dimension
Ich kann soziale Kontakte aufbauen. (1–5)	Soziale Dimension
Ich kann Zeit sparen. (1–5)	Ökonomische Dimension
Ich kann meine Bedürfnisse erfüllen bzw. meine Probleme auf eine bequeme Art und Weise lösen. (1–5)	Ökonomische Dimension
Ich kann persönlich etwas Gutes für die Umwelt tun. (1–5)	Ökologische Dimension
Ich kann persönlich etwas Gutes für andere Menschen tun. (1–5)	Soziale Dimension
Ich kann soziale Kontakte pflegen. (1–5)	Soziale Dimension

Abbildung 3-1: Zu bewertenden Aussagen mit der jeweilig zugeordneten Dimension
Quelle: Eigene Darstellung

Die Online-Befragung beginnt am 23. April 2019 um 19:30 Uhr und hat eine Laufzeit von einer Woche. Dementsprechend endet diese am 30. April 2019 um 19:30 Uhr.

Bei Auswertung des Fragebogens sollen neben der Analyse der demografischen Angaben der Teilnehmer Erkenntnisse über die Bekanntheit der Sharing Economy erlangt werden. Primär sollen jedoch die im zweiten Gliederungspunkt gestellten Forschungsfragen mittels der Bewertung der unterschiedlichen Aussagen anhand der Übereinstimmung mit dem subjektiven Empfinden der Teilnehmer erforscht werden. So werden alle vollständig abgeschlossenen Fragebögen analysiert, indem für jede Aussage jeweils die durchschnittliche Bewertung, aber auch die Standardabweichung betrachtet wird. Außerdem werden in diesem Rahmen auch der Durchschnitt sowie die Standardabweichung einer jeden Dimension – ökonomisch, ökologisch und sozial – errechnet. Die Ergebnisse werden anschließend im fünften Gliederungspunkt diskutiert.

4 Ergebnisse

Bei insgesamt 157 Teilnehmern der Online-Befragung wurden 94 Fragebögen vollständig ausgefüllt. Vollständig in diesem Sinne bedeutet, dass alle Fragen des Fragebogens, mit Ausnahme freiwilliger Angaben, beantwortet wurden. Da weit mehr als die Hälfte aller nicht abgeschlossener Fragebögen bereits nach der Erläuterung der Umfrage auf der ersten Seite abgebrochen wurde, wird sich im Rahmen diesen vierten Gliederungspunkts und damit auch anschließend des fünften Gliederungspunkts nur auf die 94 vollständig ausgefüllten Fragebögen konzentriert. Im Folgenden werden mit „Teilnehmer" all diejenigen gemeint, welche den Fragebogen vollständig bearbeitet haben.

Unter ihnen waren 47 Personen männlich und 47 Personen weiblich. Das Durchschnittsalter aller Teilnehmer beträgt 26,8 Jahre und deckt Altersgruppen zwischen 16 und 99 Jahren ab. Mit 24,2 Prozent war die Altersgruppe der 23-Jährigen am häufigsten vertreten.

57 Personen der Befragung sind Studenten, 26 Angestellte, zwei sind Schüler oder Schülerinnen, weitere 2 Auszubildende und ein Rentner nahm teil. Außerdem gaben fünf Personen „Sonstiges" als vorrangige Beschäftigung an. Zudem machte ein Teilnehmer keine Angaben zu seiner Beschäftigung.

67,7 Prozent leben derzeit in einer Stadt mit über 100.000 Einwohnern. Bei dieser Frage gab es von den 94 Befragten eine Enthaltung.

Außerdem beziehen 61 Teilnehmer ein Jahreseinkommen zwischen null und 20 Tausend Euro, 14 verdienen zwischen 20 Tausend und 40 Tausend Euro. Ein Befragter gab sein Einkommen mit über 100 Tausend Euro jährlich an.

49 Teilnehmern ist der Begriff der „Sharing Economy" geläufig und teilten dasselbe Verständnis hierfür. Dies entspricht einem Prozentsatz von 52,1.

Mit 98,9 Prozent ist Airbnb unter den Teilnehmern das bekannteste in der Befragung berücksichtigte Sharing Economy Unternehmen. SnappCar kennen nur 11,7 Prozent und Task-Rabbit gerade einmal 5,3 Prozent. Nach Erläuterung des Airbnb-Fallbeispiels hätten sich grundsätzlich 82 der 94 Befragten für die Airbnb-Unterkunft und gegen das Hotel entschieden. Des Weiteren haben bereits 60 der 94 Teilnehmer mindestens einmal eine Unterkunft über Airbnb gemietet.

Welche Ziele diese und Teilnehmer, die bisher noch keine Unterkunft über die Plattform gemietet haben, verfolgen, veranschaulicht die nachfolgende Tabelle. Dabei werden auch die durchschnittliche Bewertung und die Standardabweichung visualisiert.

Zu bewertende Aussage	1	2	3	4	5	Gesamt	X	s
Ich kann meine Bedürfnisse erfüllen	2,13%	18,09%	29,79%	31,91%	18,09%	100%	3,46	1,054
	2	17	28	30	17	94		
Ich kann Geld sparen	1,06%	4,26%	6,38%	25,53%	62,77%	100%	4,45	0,875
	1	4	6	24	59	94		
Ich kann Zeit sparen	19,15%	34,04%	27,66%	14,89%	4,26%	100%	2,51	1,095
	18	32	26	14	4	94		
Ich kann persönlich etwas Gutes für die Umwelt tun	21,28%	36,17%	27,66%	10,64%	4,26%	100%	2,40	1,071
	20	34	26	10	4	94		
Ich kann soziale Kontakte aufbauen	15,96%	32,98%	24,47%	21,28%	5,32%	100%	2,67	1,140
	15	31	23	20	5	94		
Ich kann soziale Kontakte pflegen	19,15%	35,11%	23,40%	19,15%	3,19%	100%	2,52	1,105
	18	33	22	18	3	94		
Ich kann persönlich etwas Gutes für andere Menschen tun	22,34%	35,11%	27,66%	9,57%	5,32%	100%	2,40	1,101
	21	33	26	9	5	94		

Tabelle 4-1: Auswertung der Aussagen in Bezug auf Airbnb
Quelle: Eigene Darstellung

Auffallend ist das das Sparen von Geld das primäre Ziel zur Mietung einer Unterkunft über Airbnb scheint, während ökologische Motive mit einem Mittelwert von 2,40 als weniger relevant bewertet werden. Anderen Menschen etwas Gutes tun zu können wird ebenfalls mit 2,40 im Mittel bewertet.

Ein Auto hat bisher noch keiner der 94 Teilnehmer über die SnappCar-Plattform gemietet, jedoch würden sich nach Erläuterung des realen Fallbeispiels 75,5 Prozent für SnappCar entscheiden. Nur jeder vierte hätte das Angebot der Autovermietung „Sixt" gewählt. Auch hier fällt auf, dass den Teilnehmern bei der Nutzung eines Angebots über SnappCar vor allem die Kostenersparnis wichtig ist. 60,6 Prozent der Teilnehmer haben diese Aussage als äußerst zutreffend erklärt. Im Mittel wurde sie mit 4,32 bewertet, während eine Streuung der Ergebnisse mit einer Standardabweichung von 1,099 relativ gering ausfällt.

Soziale Kontakte aufbauen und pflegen ist den Teilnehmern nach Auswertung der Umfrage eher unwichtig. Knapp die Hälfte hat die Aussagen „Ich kann soziale Kontakte aufbauen" und „Ich kann soziale Kontakte pflegen" als nicht zutreffend bewertet. Die Durchschnittswerte der beiden Aussagen fallen mit 1,85 und 1,88 dementsprechend gering aus. Der Umwelt etwas Gutes zu tun beziehungsweise diese zu entlasten ist mit einem Mittelwert von 2,40 ebenfalls weniger bedeutend. Tabelle 4-2 führt die gewonnenen Ergebnisse detailliert auf.

Zu bewertende Aussage	1	2	3	4	5	Gesamt	X	s
Ich kann meine Bedürfnisse erfüllen	5,32%	20,21%	28,72%	25,53%	20,21%	100%	3,35	1,170
	5	19	27	24	19	94		
Ich kann Geld sparen	6,38%	1,06%	7,45%	24,47%	60,64%	100%	4,32	1,099
	6	1	7	23	57	94		
Ich kann Zeit sparen	28,72%	19,15%	22,34%	24,47%	5,32%	100%	2,59	1,282
	27	18	21	23	5	94		
Ich kann persönlich etwas Gutes für die Umwelt tun	28,72%	29,79%	23,40%	8,51%	9,57%	100%	2,4	1,256
	27	28	22	8	9	94		
Ich kann soziale Kontakte aufbauen	47,87%	27,66%	17,02%	6,38%	1,06%	100%	1,85	0,994
	45	26	16	6	1	94		
Ich kann soziale Kontakte pflegen	43,62%	30,85%	19,15%	6,38%	0,00%	100%	1,88	0,937
	41	29	18	6	0	94		
Ich kann persönlich etwas Gutes für andere Menschen tun	29,79%	28,72%	27,66%	10,64%	3,19%	100%	2,29	1,103
	28	27	26	10	3	94		

Tabelle 4-2: Auswertung der Aussagen in Bezug auf SnappCar
Quelle: Eigene Darstellung

Immerhin 5,3 Prozent kennen die Sharing Economy Unternehmung TaskRabbit, obwohl das Unternehmen bisher nicht in Deutschland existiert und dort eben keine Arbeitsaufträge vergeben und angenommen werden können. Allerdings würden 58 der Teilnehmer grundsätzlich einen Auftrag über die Plattform vergeben. Dem gegenüber stehen 36 Befragte, welche diese Frage verneinen. Nach Beschreibung eines Fallbeispiels würden sich nur 48,9 Prozent für TaskRabbit, sodass die Mehrheit der Befragten mit 51,1 Prozent das professionelle Unternehmensangebot bevorzugen. 47 Personen bewerten auch hier die Aussage „Ich kann Geld sparen" hinsichtlich primärer Motive zur Nutzung TaskRabbits als völlig zutreffend mit einer „5". Die Lösung existenter Probleme gilt nach Betrachtung der Durchschnittsbewertung als zweitwichtigster Aspekt. Der Umweltfaktor fällt mit der Bewertung von 1,98 im Mittel als am wenigsten relevant aus. Das Pflegen von sozialen Kontakten erfährt einen Durchschnittswert von 2,01. Nachfolgend werden abschließend auch hier die Ergebnisse in Form einer Tabelle detailliert dargestellt.

Zu bewertende Aussage	1	2	3	4	5	Gesamt	X	s
Ich kann meine Bedürfnisse erfüllen	6,38%	12,77%	27,66%	27,66%	25,53%	100%	3,53	1,189
	6	12	26	26	24	94		
Ich kann Geld sparen	6,38%	6,38%	13,83%	23,40%	50,00%	100%	4,04	1,217
	6	6	13	22	47	94		
Ich kann Zeit sparen	19,15%	11,70%	27,66%	24,47%	17,02%	100%	3,09	1,349
	18	11	26	23	16	94		
Ich kann persönlich etwas Gutes für die Umwelt tun	40,43%	31,91%	21,28%	2,13%	4,26%	100%	1,98	1,047
	38	30	20	2	4	94		
Ich kann soziale Kontakte aufbauen	35,11%	24,47%	23,40%	12,77%	4,26%	100%	2,27	1,193
	33	23	22	12	4	94		
Ich kann soziale Kontakte pflegen	44,68%	22,34%	22,34%	8,51%	2,13%	100%	2,01	1,102
	42	21	21	8	2	94		
Ich kann persönlich etwas Gutes für andere Menschen tun	24,47%	27,66%	23,40%	17,02%	7,45%	100%	2,55	1,241
	23	26	22	16	7	94		

Tabelle 4-3: Auswertung der Aussagen in Bezug auf TaskRabbit
Quelle: Eigene Darstellung

5 Diskussion

Die Ausgeglichenheit der Geschlechterverteilung innerhalb der Studie spiegelt grob das Geschlechterverhältnis Deutschlands von 0,97 Männern pro Frau wider (CIA, 2019), sodass hier für die Diskussion keine Verzerrung der Ergebnisse hinsichtlich der Geschlechterverteilung gegeben ist.

Das durchschnittliche Alter der Teilnehmer entspricht mit 26,8 Jahren allerdings keineswegs auch nur ansatzweise dem Durchschnittsalter der Deutschen von etwa 44 Jahren. (BiB, 2015) Insofern beantwortet die Studie die Forschungsfrage nach den Motiven zur Nutzung der Sharing Economy Angebote hauptsächlich, welche Ziele die Generation zwischen 20 und 30 Jahren verfolgen. Das Alter von 80 Teilnehmer der Befragung liegt in diesem Altersintervall.

Dass 57 der 94 Befragten Studenten sind erklärt einerseits das geringe Durchschnittsalter, andererseits jedoch auch den Umstand, dass 72,6 Prozent aller Teilnehmer ein jährliches Einkommen von null bis 20.000 Tausend Euro beziehen. 14 der 94 teilnehmenden Personen haben zudem angegeben, zwischen 20.000 Euro und 40.000 Euro zu verdienen. In diesem Intervall liegt auch das jährliche durchschnittliche Einkommen in Deutschland von 37.103 Euro. (Agentur Junges Herz, 2019) Dementsprechend sind Normalverdiener hinsichtlich der Befragung deutlich unterrepräsentiert. Angestellte sind mit 28,0 Prozent mengenmäßig in der Umfrage am zweitstärksten vertreten.

Des Weiteren leben in Deutschland ungefähr 26,4 Millionen Menschen in einer Großstadt (Stand 2017), was bei einer Gesamtbevölkerung von etwa 83 Millionen Einwohnern (Stand 2018) einen Anteil von 31,8 Prozent einnimmt. (Statistisches Bundesamt, 2018)

An der Befragung hingegen haben 63 der 94 Teilnehmer angegeben, in einer Großstadt zu leben, was bei einer Enthaltung einen Anteil von 67,4 Prozent ausmacht. Ein Rückschluss, dass alle Studenten dabei in einer Großstadt leben, ist nicht zulässig.

Dass die Mehrheit der Teilnehmer mit 52,1 Prozent den Begriff „Sharing Economy" kennen und dasselbe Verständnis teilen ist insofern weniger verwunderlich, als dass die Hauptzielgruppe der „Wirtschaft des Teilens" Personen bis 29 Jahre darstellen. (Pick & Haase, 2015, S. 9) Trotzdem weis fast jeder Zweite der Befragten nicht, was unter dem Begriff zu verstehen ist. Nach Heinrichs und Grunenberg haben „bereits die Hälfte der deutschen Bevölkerung Erfahrung mit alternativen Besitz- und Konsumformen gemacht". (Heinrichs & Grunenberg, 2012, S. 12) Auch innerhalb der Befragung fällt auf, dass über 98 Prozent Airbnb als Unternehmen kennen. Somit ist zwar der Begriff „Sharing Economy" nur jedem zweiten bekannt, deutlich mehrere kennen jedoch einzelne darunterfallende Unternehmen und Angebote. Knapp zwei Drittel der Teilnehmer haben des Weiteren bereits eine Unterkunft über Airbnb gebucht.

Airbnb

Ordnet man die in Bezug auf Airbnb zu bewertenden Aussagen den jeweiligen widerspiegelnden Dimensionen zu – wie in der nachfolgenden Tabelle 5-1 geschehen – erkennt man eine Dominanz der ökonomischen Motive über den ökologischen und sozialen. Die ökonomische Perspektive erfährt dabei einen absoluten Mittelwert von 3,47, die soziale Dimension hingegen 2,53 und die ökologische 2,40.

Zu bewertende Aussage	$\bar{X}_{Aus.}$	Dimension	$\bar{X}_{Dim}$	S_{Dim}
Ich kann meine Bedürfnisse erfüllen	3,46			
Ich kann Geld sparen	4,45	Ökonomisch	3,47	1,283
Ich kann Zeit sparen	2,51			
Ich kann persönlich etwas Gutes für die Umwelt tun	2,40	Ökologisch	2,40	1,071
Ich kann soziale Kontakte aufbauen	2,67			
Ich kann soziale Kontakte pflegen	2,52	Sozial	2,53	1,116
Ich kann persönlich etwas Gutes für andere Menschen tun	2,40			

Tabelle 5-1: Den Dimensionen zugeordnete Aussagen in Bezug auf Airbnb
Quelle: Eigene Darstellung

Vor allem die Kostenersparnis im Vergleich zu meist teureren Alternativen wie Hotels ist den Teilnehmern wichtig. So haben die Aussage „Ich kann Geld sparen" 62,8 Prozent als zutreffend in vollen Umfang bewertet. Außerdem ist der Mittelwert von 4,45 der Aussage der höchste erzielte Mittelwert in der Umfrage. Die Standardabweichung fällt mit einem Wert von 0,875 gering aus.

Der adäquaten Lösung der Probleme beziehungsweise die Erfüllung der Bedürfnisse stimmen trotzdem nur 18,1 Prozent voll zu. So werden zwar mit einem Apartment oder einer Wohnung ein Schlafplatz für eine oder mehrere Nächte gewährleistet, jedoch ist unklar, welche weiteren Bedürfnisse die Teilnehmer bei der Suche nach einer Unterkunft verspüren. Legt man jedoch beispielsweise sehr viel Wert auf ein inkludiertes Frühstück, wird man innerhalb Nürnbergs auf Hotelvergleichsseiten eher fündig als auf Airbnb. Nur sechs in Nürnberg befindliche, über Airbnb gefundene Unterkünfte bieten ein Frühstück an, während auf Hotels.com deutlich mehrere gelistet werden (Stand: 04.05.2019). Nichtsdestotrotz bewerten nur 20,2 Prozent der Teilnehmer die Aussage „Ich kann meine Bedürfnisse erfüllen bzw. meine Probleme auf eine bequeme Art und Weise lösen" als weniger oder gar nicht zutreffend. Die Hälfte der Teilnehmer dagegen bewertet diese Aussage mit einer „4" oder einer „5".

„Ich kann Zeit sparen" motiviert die Teilnehmer der Befragung mehrheitlich nicht zur Nutzung von Airbnb für das Finden einer Unterkunft. So sind 53,2 Prozent der Meinung keine Zeit im Vergleich zu Alternativangeboten sparen zu können. Da die Buchung bei Airbnb ähnlich lange dauert wie bei einem Hotel, wirkt dies auch einleuchtend. Auch die Suche nach einer geeigneten Unterkunft lässt grundsätzlich keine große Zeitersparnis zu. Hat man sich persönlich jedoch vor der Suche eine obere Preisgrenze für die Übernachtung gesetzt, wird man trotzdem durch oftmals kostengünstigere Angebote auf Airbnb schneller fündig. Wie bereits zuvor angesprochen ist diese die Aussage der ökonomischen Dimension, welche im Hinblick auf Airbnb am wenigsten Akzeptanz bei den Teilnehmern der Befragung erfährt.

Ähnlich bewertet wurde die Aussage „Ich kann persönlich etwas Gutes für die Umwelt tun". Knapp 58 Prozent haben dies als für sie weniger bedeutend für die Buchung einer Unterkunft über Airbnb erklärt. Dem gegenüber stehen 14,9 Prozent, welche davon schon motiviert werden. Fraglich ist jedoch, inwiefern eine Buchung über Airbnb besser für die Umwelt oder weniger umweltbelastend wirkt. Es würden zwar langfristig womöglich weniger Hotels erbaut werden, betrachtet man jedoch nur eine Buchung fallen keine nennenswerten Unterschiede des CO_2-Verbrauchs auf. Auch verringerte Abfallmengen scheinen nicht einleuchtend. 27,7 Prozent der Befragten haben den Schieberegler mittig auf die „3" platziert.

Das Aufbauen sozialer Kontakte ist innerhalb der sozialen Dimension der Aussagen das für die Teilnehmer zutreffendste Kriterium für die Nutzung von Airbnb zur Mietung von Unterkünften. Die Vermietung der eigenen Wohnung, des eigenen Zimmers oder des ganzen Hauses erfordert ein hohes Maß an Vertrauen an die potentiellen Mieter. Das erzeugte Vertrauen und bereitgestellte Informationen zur eigenen Person auf Airbnb schaffen somit eine Basis für eine tiefgründige Vermieter-Mieter-Beziehung. Weniger oberflächliche Kontakte im Vergleich zu Hotelangestellten und tiefgründige Gespräche können die Folge sein. Durch den in vielen Hotels etablierten Schichtbetrieb wird der Aufbau sozialer Kontakte erschwert. Des Weiteren leben Vermieter von Airbnb-Unterkünften oftmals in der Nähe der vermieteten Unterkunft, um die Unterkunft für die Mieter vorzubereiten. Dadurch dass sich die Vermieter im Falle der nichtgewerblichen Vermietung hierbei in ihrer privaten Freizeit befinden, sind diese hierfür nicht wie Hotelangestellte an Arbeitszeiten gebunden. So können sich Hotelangestellte bei einem ausgeplanten Arbeitstag nur in Pausenzeiten mit Hotelgästen privat unterhalten, während private Vermieter oftmals zeitlich flexibel sind. Außerdem können mit dem Mieten eines einzelnen Zimmers in einer Wohnung Kontakte zu den Mitbewohnern der Wohnung aufgebaut werden.

Die Aufrechterhaltung der gewonnenen Kontakte ist weniger Teilnehmern der Befragung für die Mietung einer Unterkunft über Airbnb wichtig. Nur 22,3 Prozent haben die Pflege sozialer Kontakte mit einer „4" oder einer „5" bewertet. Die Pflege sozialer Kontakte setzt voraus, dass vorher bereits Kontakte aufgebaut wurden. So ergeben sich zwei mögliche Hauptszenarien, in welchen Kontakte hierbei gepflegt werden können. Als erstes mögliches Hauptszenario lässt sich die gemeinsame Buchung einer Airbnb-Unterkunft mit bereits bekannten Kontakten anführen. Ein Beispiel könnte die Buchung einer Unterkunft mit Freunden sein. Das zweite Szenario stellt die Pflege des Kontakts zum Vermieter dar. Damit ist dies nur möglich, wenn man eine Unterkunft zum wiederholten Mal bei demselben Vermieter bucht. Eine Ausnahme stellt auch hier die Vermietung eines einzelnen Zimmers in einer Wohnung dar. Hier können auch Kontakte zu den Mitbewohnern gepflegt werden, sofern sie vorher bereits bekannt waren, jedoch keine gemeinsame Buchung vorlag. Durch das Muss an vorher bestehenden Kontakten werden Transaktionskosten im Sinne von Suchzeiten für die Unterkunft erheblich erhöht. 54,3 Prozent haben womöglich deshalb die Aussage „Ich kann soziale Kontakte pflegen" als für sie gänzlich oder eher unzutreffend bewertet.

Anderen Menschen persönlich etwas Gutes tun zu können empfinden die meisten Teilnehmer ebenfalls als weniger relevant für die Buchung einer Unterkunft über Airbnb. Nur knapp 15 Prozent halten die Aussage für eher oder ganz zutreffend. Sogleich stehen denen 57,5 Prozent gegenüber, welche die Aussage eher unzutreffend bewerten. Etwas Gutes zu tun im Hinblick auf eine Mietung über Airbnb könnte von den meisten Befragten als finanzielle Entlohnung für die Vermietung der Unterkunft interpretiert worden sein.

Da die ökonomische Dimension im Hinblick auf Airbnb-Buchungen den höchsten Mittelwert erfährt, und eine Standardabweichung von 1,283 eine geringe Streuung der Werte verspricht, gilt die Hypothese *„Das primäre Motiv zur Nutzung von Airbnb* *zur Suche und Mietung einer Unterkunft stellt die individuelle Nutzenmaximierung dar"* als bestätigt.

Airbnb als einzelnes Unternehmen mit einem „Access-based"-Geschäftsmodell steht demnach den von anderen Autoren gewonnenen Erkenntnissen nicht entgegen. Deren Forschung nach ist das Schlüsselkriterium für die Teilnahme in der Sharing Economy die persönliche Nutzenmaximierung mit inhärenten geringeren Kosten, einem gesteigerten Wert oder der Erhöhung der Bequemlichkeit im Vergleich zu Alternativangeboten. (Belk, 2009, S. 726; Kim et al., 2015, S. 7)

SnappCar

Während nur 11,7 Prozent SnappCar als Unternehmen kennen und noch keiner der Befragten jemals ein Auto über deren Plattform gemietet hatte, würden sich nach Erläuterung eines Beispielvergleichs zwischen einem Sixt- und einem SnappCar-Angebot 75,5 Prozent für das SnappCar-Angebot entscheiden.

Auch hier dominiert die ökonomische Dimension über der sozialen und der ökologischen. Mit einem Durchschnittswert von 3,42 der Aussagen, welche die individuelle Nutzenmaximierung widerspiegeln, gelten diese Aussagen am zutreffendsten für die Teilnehmer. Die Standardabweichung dabei ist 1,379. Die drei sozialen Aussagen werden mit 2,01 und die ökologische Dimension mit 2,40 im Mittel bewertet. Deren Standardabweichungen sind jeweils 1,030 und 1,256. Die nachfolgende Tabelle stellt die Aussagen mit deren Mittelwerten zugeordnet den jeweiligen Dimensionen dar.

Zu bewertende Aussage	$\bar{X}_{Auss.}$	Dimension	$\bar{X}_{Dim}$	S_{Dim}
Ich kann meine Bedürfnisse erfüllen	3,35	Ökonomisch	3,42	1,379
Ich kann Geld sparen	4,32			
Ich kann Zeit sparen	2,59			
Ich kann persönlich etwas Gutes für die Umwelt tun	2,40	Ökologisch	2,40	1,256
Ich kann soziale Kontakte aufbauen	1,85	Sozial	2,01	1,030
Ich kann soziale Kontakte pflegen	1,88			
Ich kann persönlich etwas Gutes für andere Menschen tun	2,29			

Tabelle 5-2: Den Dimensionen zugeordnete Aussagen in Bezug auf SnappCar
Quelle: Eigene Darstellung

Das Sparen von Geld scheint mit einer Durchschnittsbewertung von 4,32 auch bei SnappCar das wichtigste Motiv zur Mietung von Autos über die Plattform zu sein. Über 85 Prozent stimmen der Aussage „Ich kann Geld sparen" demnach zu. Vor allem die geringeren Fixkosten von SnappCar-Anbietern lassen ein Unterschreiten von Wettbewerbspreisen herkömmlicher Autovermietungen zu. Beispielsweise fallen bei privaten Anbietern keine Personalkosten für die Vermietung an. Auch Miet- und Pachtkosten für gewerbliche Büro- und Ausstellungsräume sind von privaten SnappCar-Anbietern im Vergleich zu Autovermietungen nicht zu tragen. Daraus folgend konnte im Rahmen der Umfrage ein Vergleich zwischen einem Angebot der Autovermietung Sixt und einem über SnappCar zu findenden, vergleichbaren Fahrzeug angeführt werden. So kann man über die SnappCar-Plattform einen BMW 3er Touring Diesel für 46€/Tag inkl. 100 Freikilometer (0,15€/Zusatzkilometer), Vollkaskoversicherung und Servicegebühren nutzen, während die Autovermietung Sixt für das gleiche Fahrzeug mit vergleichbarer Ausstattung, jedoch mit 150 Freikilometern (0,29€/Zusatzkilometer), 143€ verlangt. Beide Angebote stammen dabei aus der gleichen Stadt.

Die Mietung eines Autos über SnappCar zur Erfüllung der eigenen Bedürfnisse wurde hinsichtlich der Höhe der Durchschnittsbewertung an zweiter Stelle gerankt. Vor allem die Mobilität dürfte bei einer Mietung eines Autos als primär zu erfüllendes Kriterium gelten. Allerdings ist unklar, welche für die Teilnehmer existierenden Bedürfnisse ebenfalls erfüllt werden könnten. Dadurch, dass jedoch meist der Weg hin zu einer Autovermietung einen erhöhten Aufwand im Vergleich zu einer Mietung eines Autos aus der Nachbarschaft darstellt, würde eben genau mit dem Mieten über SnappCar dieses Bedürfnis einer Zeitersparnis abgedeckt werden. Erhöhte Suchzeiten bei Setzen des Suchparameters auf einen geringen geografischen Umkreis wirken dem gleichzeitig entgegen.

Trotzdem wurde die Aussage „Ich kann Zeit sparen" mit einem Mittelwert von 2,59 auf den dritten Platz nach einer Kostenersparnis und der Erfüllung bestehender Bedürfnisse bewertet. Neben der bereits erwähnten Zeitaspekte kann durch eine nur einmalige Registrierung auf der SnappCar-Plattform Zeit gespart werden, während bei unterschiedlichen Autovermietungen die eigene Identität jeweils neu geprüft werden muss.

Mit der Mietung eines Autos über SnappCar persönlich etwas Gutes für die Umwelt tun zu können halten der Umfrage zufolge nur 18,1 Prozent für eher oder gänzlich zutreffend. Im Mittel wurde das ökologische Motiv mit 2,40 bewertet. Langfristig könnten zwar mittels Car Sharing eine Produktion geringerer Stückzahlen an

Automobilen, und damit korrelierend ein geringerer CO_2-Ausstoß und Verbrauch begrenzter Rohstoffe erreicht werden, allerdings ist wenig über die Höhe der Auswirkung des sogenannten „Rebound"-Effekts klar. Wenn sich mehrere Personen ein Auto teilen und dementsprechend der Nutzungsgrad dessen erhöht wird, so werden auf den ersten Blick weniger Autos benötigt. Da der Preis je gefahrenen Kilometer jedoch durch die Sharing-Angebote sinkt, wird zugleich eine Mehrnachfrage generiert. So kann die häufig proklamierte Nachhaltigkeit der Sharing Economy und dessen Geschäftsmodelle in ihr Gegenteil verkehrt werden – die Umweltbelastung kann trotz vermehrter Nutzung bestehender Fahrzeuge dank insgesamt gestiegener Fahrten deutlich zunehmen. (Eichhorst & Spermann, 2016, S. 435)

Soziale Kontakte aufbauen scheint mit einem Mittelwert von 1,85 nicht das primär angestrebte Ziel mit der Mietung eines Autos über die SnappCar-Plattform zu sein. 47,9 Prozent halten die Aussage „Ich kann soziale Kontake aufbauen" mit einer „1" als nicht zutreffend. Weitere 27,7 Prozent bewerten sie mit einer „2" als eher unzutreffend. Nutzer können zwar über die Plattform Informationen zur eigenen Person einstellen, allerdings ist nicht bekannt, inwiefern diese als Anknüpfpunkt zum Kennenlernen dienen. Durch die private Vermietung von Autos sind jedoch ähnlich wie bei Airbnb die Vermieter bei der Vermietung selbst nicht an strikte Arbeits- und Pausenzeiten gebunden. Somit könnte grundsätzlich eine private Unterhaltung stattfinden.

„Ich kann Kontakte pflegen" bewerten die meisten Teilnehmer der Umfrage ebenfalls als eher oder gänzlich unzutreffend. Drei von vier Befragten haben die Aussage mit einer „1" oder „2" bewertet. Da das Pflegen von Kontakten schon zuvor bestehende Kontakte voraussetzt, kann die Aufrechterhaltung von Bekanntschaften mit SnappCar nur mit mehrmaligen Mietungen bei demselben Vermietern gelingen. Die Kommunikation vor und nach der Mietung über die SnappCar-Plattform wird hierbei als Möglichkeit zum Halten von Kontakten nicht berücksichtigt, da innerhalb der Umfrage die Motive zur eigentlichen Mietung erfragt wurden. Die gemeinsame Mietung sich bereits kennender Personen zur gemeinsamen Fahrt wird aber schon als Kontaktpflege interpretiert.

Anderen Menschen persönlich etwas Gutes tun zu können wurde hinsichtlich des Durchschnittswerts an die drittletzte Stelle gerankt. Immerhin 14,8 Prozent der Befragten würden dieses soziale Ziel mit der Mietung eines Autos über SnappCar verfolgen. Die finanzielle Kompensation im Austausch für die Nutzung des Autos stellt dabei einen Weg dar. Der Erwerb an Nebeneinkünften verspricht dem jeweiligen Vermieter einen gesteigerten Lebensstandard.

Da die ökonomische Dimension der Aussagen zu der Nutzung von SnappCar den höchsten Mittelwert erfährt, wurde die Hypothese „Das primäre Motiv zur Nutzung von SnappCar zur Mietung eines Autos stellt die individuelle Nutzenmaximierung dar" bestätigt. Es lässt sich anmerken, dass alle die ökonomische Perspektive betreffenden Aussagen in Bezug auf SnappCar die höchsten Durchschnittsbewertungen erfahren.

TaskRabbit

Obwohl TaskRabbit als Unternehmen der Sharing Economy bisher nicht in Deutschland vertreten ist, kennen trotzdem 5 der 94 Teilnehmer die Online-Plattform. Weiter würden 61,7 Prozent der Befragten grundsätzlich einen Arbeitsauftrag über TaskRabbit vergeben.

Nach Erläuterung eines Vergleichsangebotes würden sich jedoch erstmals die Mehrheit für das Unternehmensangebot und gegen das Angebot von TaskRabbit entscheiden. „Während beispielsweise in New York (USA) der Stundensatz pro Person eines professionellen Umzugsunternehmen bei etwa 65$ liegt, bieten bei TaskRabbit Personen ihre Arbeitskraft für bereits 21$ pro Stunde an" war das hierfür angeführte Beispiel. 51,1 Prozent würden sich demnach für das professionelle Umzugsunternehmen mit einem Stundensatz von 65 US-Dollar entscheiden.

Widersprüchlich dazu erscheint, dass hinsichtlich des Mittelwertes von 4,04 eine Kostenersparnis als das zutreffendste Motiv für Auftraggeber über TaskRabbit bewertet wurde. Die beiden weiteren die ökonomischen Perspektive betreffenden Aussagen werden ebenfalls als eher zutreffend bewertet. Mit einem Gesamtmittelwert 3,55 dominiert auch hier die ökonomische Dimension über der ökologischen mit 1,98 und der sozialen mit 2,28. Die nachfolgende Tabelle veranschaulicht die gewonnen Erkenntnisse.

Diskussion

Zu bewertende Aussage	$\overline{X}_{Auss.}$	Dimension	$\overline{X}_{Dim}$	S_{Dim}
Ich kann meine Bedürfnisse erfüllen	3,53			
Ich kann Geld sparen	4,04	Ökonomisch	3,55	1,309
Ich kann Zeit sparen	3,09			
Ich kann persönlich etwas Gutes für die Umwelt tun	1,98	Ökologisch	1,98	1,047
Ich kann soziale Kontakte aufbauen	2,27			
Ich kann soziale Kontakte pflegen	2,01	Sozial	2,28	1,197
Ich kann persönlich etwas Gutes für andere Menschen tun	2,55			

Tabelle 5-3: Den Dimensionen zugeordnete Aussagen in Bezug auf TaskRabbit
Quelle: Eigene Darstellung

Dass Geld durch die Vergabe von Aufträgen über TaskRabbit eingespart werden kann, deutet das in der Umfrage angeführte Beispiel bereits an. 47 der 94 Befragten haben weiter die Aussage „Ich kann Geld sparen" mit einer „5" bewertet. Die im Vergleich zu professionellen Unternehmen verringerten Fixkosten lassen niedrigere Preise zu. Außerdem kann beispielsweise das Abführen von Lohnsteuern durch den nur geringen Erwerb aus Nebeneinkünften umgangen werden.

Die Erfüllung der Bedürfnisse würden ebenfalls als Ziel mit der Vergabe von Aufträgen über TaskRabbit verfolgt werden. Der Mittelwert von 3,53 verdeutlicht dies. Trotzdem erfährt die Bewertung eine relativ breite Streuung. Grund hierfür könnte eine Skepsis der Teilnehmer sein, ob „Tasker" mit deren erbrachter Arbeit eine vergleichbare Qualität wie ein professionelles Unternehmen erzielen – selbst bei weniger komplexen Aufgaben. Über das Reputationssystem könnten Informationen darüber zumindest ausgewählt gewonnen werden.

Auch die Aussage „Ich kann Zeit sparen" erfährt eine hohe Standardabweichung. Einerseits kann zwar Zeit gespart werden, dadurch dass man die Aufgaben nicht selbst erledigen muss, andererseits braucht jedoch ein „Tasker" tendenziell länger als ein professionell in der jeweiligen Branche arbeitender Angestellter. Erfahrungswerte und professionelles Werkzeug sind hierfür Gründe. Mit einem Durchschnittswert von 3,09 ist die Aussage dennoch an dritter Stelle gerankt.

Mit 38 Stimmen haben die meisten Teilnehmer die Aussage „Ich kann persönlich etwas Gutes für die Umwelt tun" mit einer „1" bewertet. Die Durchschnittsbewertung der Aussage liegt bei 1,98. Fraglich ist generell, inwiefern die Beschäftigung eines „Taskers" weniger die Umwelt belastet als ein professionelles Unternehmen.

Diskussion

Bei genügend Anbietern könnten zwar unter Umständen die Wege des „Taskers" zum Einsatzort kürzer sein, allerdings ist das Fahrzeug des professionellen Unternehmens sowie dessen Umweltbelastung, für eine Berechnung des Schadstoffausstoßes in aller Regel nicht gegeben.

Soziale Kontakte aufzubauen als Motive zur Vergabe von Arbeitsaufträgen über TaskRabbit stimmen in etwa 17 Prozent der Befragten zu. Dadurch dass es sich um auf den „Client" angepasste Services handelt ist eine ausgeprägte Kommunikation im Vorfeld erforderlich. Das Gespräch kann zudem dazu genutzt werden, soziale Kontakte aufzubauen. 59,6 Prozent sehen trotzdem den Aufbau sozialer Kontakte als Grund zur Nutzung von TaskRabbit als weniger oder nicht bedeutend an. So ergibt sich ein Mittelwert der Aussage „Ich kann soziale Kontakte aufbauen" von 2,27 bei einem Streuwert von 1,193.

Noch weniger bedeutend für die Vergabe von Aufträgen über die Plattform sehen die Teilnehmer der Befragung das Pflegen sozialer Kontakte. 44,7 Prozent bewerten demnach die Aussage „Ich kann soziale Kontakte pflegen" mit einer „1". Auch hier gilt, dass nur bestehende Kontakte gepflegt werden können. Durch die Vielfalt der auf der TaskRabbit-Plattform angebotenen Services und die Beschränkung vieler „Tasker" auf nur einen Tätigkeitsbereich ist eine realistische Wahrscheinlichkeit einen Kontakt zu intensivieren nur bei sich wiederholender Auftragsvergabe innerhalb eines Tätigkeitsbereichs gegeben. Der Mittelwert der Aussage ist mit 2,01 am zweitniedrigsten.

„Ich kann persönlich etwas Gutes für andere Menschen tun" wurde im Durchschnitt mit 2,55 bewertet. Die Standardabweichung fällt mit 1,241 wegen der relativ breiten Streuung vergleichsweise hoch aus. Auch hier ist vor allem die Beschäftigung an sich und die finanzielle Entlohnung für die Arbeitsleistung des „Taskers" die primäre Möglichkeit jemanden etwas Gutes tun zu können. Mehr als die Hälfte fühlen sich aber nicht davon motiviert Arbeitsaufträge über TaskRabbit zu vergeben. Immerhin 7,5 Prozent stimmen der obigen Aussage jedoch in vollem Umfang zu.

Mit einem Durchschnittswert von 3,55 ist werden die ökonomischen Motive am ehesten zutreffend bewertet, während die ökologische Dimension mit 1,98 von den Befragten als eher unbedeutend empfunden wird. Die soziale Dimension hingegen gilt mit 2,28 im Durchschnitt noch als motivierender für das Vergeben von Arbeitsaufträgen über die TaskRabbit-Plattform.

Die individuelle Nutzenmaximierung ist somit nach Auswertung der Online-Befragung auch in Bezug auf TaskRabbit das primäre Motiv, sodass die Hypothese *„Das primäre Motiv zur Nutzung von TaskRabbit als „Client" stellt die individuelle Nutzenmaximierung dar"* als bestätigt angesehen werden kann.

6 Fazit

6.1 Zusammenfassung

Die vorliegende wissenschaftliche Arbeit erörterte mittels einer empirischen Untersuchung die primären Motive zur Nutzung verschiedener Sharing Economy Angebote. Im zweiten Gliederungspunkt wurde dabei auf die theoretischen Grundlagen eingegangen. Obwohl sich seit 2015 die Ergebnisse zu dem Begriff „Sharing Economy" in herkömmlichen Suchmaschinen verdreifacht haben, existiert zwischen Autoren kein Konsens über die Definition der Thematik.

Neuheitlicher Charakter kommt dem dahinterstehenden Konzept insofern zu, als dass Teilen zwischen sich nicht bekannter Privatpersonen stattfindet. Getrieben von einem gesteigerten Nachhaltigkeitsbewusstsein, dem Wunsch nach sozialen Austausch und ökonomischer Vorteile entwickelt sich die Sharing Economy zu einer alternativen Konsumform. Zeitlicher Auslöser der Adaption dafür war jedoch die Weltwirtschaftskrise 2008. Steigende Arbeitslosenzahlen forderten kostengünstige Alternativen zur Befriedigung bestehender Bedürfnisse. Das „Web 2.0" und elektronische Zahlungssysteme ermöglichten eine Verringerung von Such- und Transaktionskosten. Die Monetarisierung nicht ausgelasteter Kapazitäten eigener Produkte und Services stellten weiter einen Weg dar, Zusatzeinnahmen zu generieren.

Grundsätzlich kann die Sharing Economy in sechs Industriezweige gegliedert werden, während gemessen am Umsatz „Transport und Mobilität" den größten Sektor darstellt. Des Weiteren können Sharing Economy Aktivitäten anhand dem geteilten Gut oder Service, der vor-herrschenden Marktstruktur und der Einteilung in Nonprofit- und Forprofit-Unternehmen klassifiziert werden.

Eine weitere Möglichkeit Unternehmen zu charakterisieren ist die Ausprägung ihrer Geschäftsmodelle. In der Sharing Economy unterscheidet man das „Access-based"-Geschäftsmodell mit dem „Marketplace"-Geschäftsmodell und dem „On-Demand Service Provider"-Geschäftsmodell. Während das „Access-based"-Geschäftsmodell über eine Internetplattform dem Kunden den temporären Zugang zu Produkten mit nicht vollends ausgelasteter Nutzungskapazitäten sichert, dient das „Marketplace"-Geschäftsmodell als Treffpunkt von Anbietern und Nachfragern. Hier steht der Zugang zu Transaktionen im Vordergrund. Das „On-Demand Service Provider"-Geschäftsmodell ähnelt dem des „Marketplace", insofern es Anbieter und

Nachfrager ebenfalls koordiniert. Hierbei werden kundenspezifisch nachgefragte Service-Dienstleistungen von anderen Personen erbracht.

Im Rahmen der Arbeit wurden drei Unternehmen – SnappCar, Airbnb und TaskRabbit – für die Untersuchung der Motive zur Nutzung deren Angebote ausgewählt.

SnappCar als Unternehmen mit einem „Access-based"-Geschäftsmodell bietet seinen Kunden einerseits eine Möglichkeit freie Nutzungskapazitäten deren Autos auf schnelle und flexible Weise durch Vermietung zu monetarisieren, andererseits können potentielle Mieter Autos temporär nutzen, ohne ein Auto tatsächlich zu erwerben. Dass die kurzzeitige Mietung oftmals eine kostengünstigere Option im Vergleich zu alternativen Mobilitätsangeboten darstellt, motiviert am meisten. Daneben ist auch die adäquate Bedürfniserfüllung ein wichtiger Faktor, sodass schließlich die individuelle Nutzenmaximierung das primäre Motiv zur Nutzung von SnappCar als Mieter darstellt. Die Bewältigung ökologischer und sozialer Probleme ist Umfrageteilnehmern in Bezug auf die Nutzung von SnappCar weniger relevant.

Die Ergebnisse in Bezug auf den Unterkunftsvermittler Airbnb ähneln denen von SnappCar insofern, als dass auch hier die individuelle Nutzenmaximierung das primäre Motiv zur Nutzung als Mieter darstellt. Airbnb gilt dabei als Unternehmen mit einem „Marketplace"-Geschäftsmodell. Das Sparen von Geld ist den Mietern über die Plattform am wichtigsten, gefolgt von der Bedürfnisbefriedigung. Der Aufbau und die Pflege sozialer Kontakte ist den Mietern nach Auswertung der Umfrage hierbei jedoch keineswegs unwichtig. Um umweltfreundlich zu agieren, mieten jedoch die wenigsten eine Unterkunft über Airbnb.

Über TaskRabbit als Unternehmen der Sharing Economy mit einem „On-Demand Service Provider"-Geschäftsmodell können registrierte Nutzer Haushaltsaufgaben outsourcen. Eine Kostenersparnis, die Befriedigung von Bedürfnissen und eine Zeitersparnis ist Personen hier auch bei der Vergabe von Aufträgen am wichtigsten. Somit wurde die Hypothese, das primäre Motiv von TaskRabbit als „Client" stellt die individuelle Nutzenmaximierung dar, bestätigt. Angelegenheiten im sozialen Umfeld und die ökologische Nachhaltigkeit spielen dabei weniger eine Rolle.

Zusammenfassend stehen klar ökonomische Motive im Vordergrund, um diese Sharing Economy Angebote zu nutzen. Soziale und an der Umwelt orientierte Ziele scheinen nur einen kleinen Teil der Nutzer zu motivieren. Konzepte, die sich auf die individuellen und rationalen Zielsetzungen von Problemlösung, Zeit und monetären Vorteil fokussieren, dürften mittel- bis langfristig erfolgreich sein. Trotzdem ist derzeit nicht klar, ob und wie die Sharing Economy die Art des Konsumierens langfristig verändern wird. Politische Entscheidungen werden dies jedoch nachhaltig beeinflussen.

6.2 Limitationen

Die für die Arbeit angenommene Definition der „Sharing Economy" wird zwar weitreichend anerkannt, allerdings sind die der Forschungsfrage unterliegenden Unternehmen nach anderen Definitionen von der Sharing Economy ausgeschlossen. Somit beziehen sich die Erkenntnisse über die primären Motive für die Nutzung von Angeboten zwar weiter auf die Unternehmen, jedoch nicht zwingend auf die Sharing Economy als Gesamtkonstrukt.

Fraglich ist, ob die primären Motive zur Nutzung von Angeboten der Unternehmen für andere Unternehmen mit dem gleichen Geschäftsmodelltyp – „Access-based"-Geschäftsmodell, „Marketplace"-Geschäftsmodell und „On-Demand Service Provider"-Geschäftsmodell – gültig sind.

Limitationen der Arbeit ergeben sich des Weiteren einerseits aufgrund der relativ kleinen Stichprobe von 94 Personen für die Befragung, andererseits auch durch die demografischen Merkmale der Teilnehmer. Da das Alter der Befragten im Mittel 26,8 Jahre ergibt, das Durchschnittsalter in Deutschland jedoch etwa 44 Jahre beträgt, existiert dahingehend eine große Diskrepanz. Auch der Umstand, dass mehr als 60 Prozent der ausgewerteten Fragebögen von Studentinnen und Studenten stammen, ist für die Interpretation der Ergebnisse kritisch zu bewerten. So spiegelt die zufällige Stichprobe möglicherweise nur teilweise die Interessen und Motive der Gesamtbevölkerung wider. Allerdings bleibt anzumerken, dass aber der Großteil der Teilnehmer in Bezug auf das Alter der Hauptzielgruppe der Sharing Economy entspricht.

Während 61 der 94 Befragten ein Jahreseinkommen von weniger als 20.000 Euro angeben, ist ungeklärt, ob bei einer Stichprobe mit mehreren Normal- und Großverdienern ebenfalls der Mittelwert ökonomischer Motive so hoch ausfallen würde.

Dadurch, dass keiner der Teilnehmer bisher Mieterfahrung mit SnappCar hat, ist zudem nicht auszuschließen, dass mit zunehmenden Mietungen die Sichtweisen auf das Unternehmen und vielmehr die Einschätzungen einzelner Motive verändert werden würde. Somit würde bei einer repräsentativen Umfrage mit bereits erfahrenen SnappCar-Nutzern möglicherweise ein anderes primäres Motiv als Ergebnis gewonnen werden.

Da TaskRabbit in Deutschland bisher nicht genutzt werden kann, ist davon auszugehen, dass noch keiner der Teilnehmer einen Auftrag an einen „Tasker" vergeben hat. Dementsprechend könnten Befragte nach dem Sammeln von Erfahrungen mit der Auftragsvergabe über die Plattform soziale oder ökologische Motive wichtiger erscheinen.

Es bleibt anzumerken, dass in der wissenschaftlichen Untersuchung nur die Motive für die Vergabe von Arbeitsaufträgen beziehungsweise für die Mietung eines Autos oder einer Unterkunft betrachtet wurden, nicht jedoch die Motive für das Arbeiten als „Tasker" oder das Vermieten des eigenen Autos oder der Unterkunft.

6.3 Ausblick und weiterer Forschungsbedarf

Ob und inwiefern sich die Sharing Economy allgemein, vor allem aber einzelne Unternehmen der Sharing Economy durchsetzen, wird die Entwicklung der nächsten Jahre zeigen. Vor allem politische Maßnahmen gelten dahingehend als kritischer Einflussfaktor. Diese sind zumindest teilweise nötig, um die von Slee geforderte Einhaltung von Arbeitsschutz- und Mindestlohngesetzen sicherzustellen. Mittels staatlicher Unterstützung der Sharing Economy kann weiter die alternative Konsumform gefördert werden. Herausforderungen wie Ressourcenverschwendung und Umweltzerstörung könnten demnach gelindert werden. Trotzdem muss der ökologische Rebound-Effekt in die Betrachtung miteinbezogen werden. Da nach ausführlicher Literaturrecherche bisher keine Forschungsergebnisse über die Auswirkungen diesen Rebound-Effekts im Hinblick auf die Sharing Economy vorliegen, bietet sich dieser als Schwerpunkt weiterer wissenschaftlicher Untersuchungen an.

Anknüpfend an diese Arbeit können des Weiteren die Motive der Anbieterseite in Bezug auf die Nutzung von SnappCar, Airbnb und TaskRabbit analysiert werden. Außerdem können weiter pro Geschäftsmodelltyp – „Access-based"-Geschäftsmodell, „Marketplace"-Geschäftsmodell und „On-Demand Service Provider"-Geschäftsmodell – mehrere Unternehmen untersucht werden, um zu klären, ob die primären Motive der Kunden vom Geschäftsmodelltyp des jeweiligen Unternehmens abhängen.

Außerdem wäre eine Durchführung der in dieser Arbeit gemachten Umfrage mit Großverdienern als Befragte interessant. Somit könnte erforscht werden, ob sich wohlhabende Personen ebenfalls primär von ökonomischen Motiven leiten lassen.

Literaturverzeichnis

Afuah, A., & Tucci, C. L. (2001). Internet business models and strategies: text and cases. *McGraw-Hill/Irwin*.

Agentur Junges Herz. (16.05.2019). *Durchschnittseinkommen - Deutschland, Entwicklung und Vergleich*. Abgerufen am 16.05.2019 von https://www.agentur-jungesherz.de/hr-glossar/durchschnittseinkommen-deutschland-entwicklung-und-vergleich/.

Airbnb. (13.03.2019). *What are guest service fees?*. Abgerufen am 13.03.2019 von https://www.airbnb.com/help/question/104.

Airbnb press room[1]. (29.04.2019). *About us.* Abgerufen am 29.04.2019 von https://press.airbnb.com/about-us/.

Airbnb press room[2]. (28.04.2019). *Fast facts.* Abgerufen am 28.04.2019 von https://press.airbnb.com/fast-facts/.

Amit, R., & Zott, C. (2012). Creating value through business model innovation. *MIT Sloan Management Review, 53*(3), 41–49.

Barbu, C. M., Bratu, R. Ş., & Sîrbu, E. M. (2018). Business models of the sharing economy. *Review of International Comparative Management, 19*(2), 154–166.

Bardhi, F., & Eckhardt, G. M. (2012). Access-based consumption : The case of car sharing. *Journal of Consumer Research*, 39(4), 881–898.

Belk, R. (2009). Sharing. *Journal of Consumer Research, 36*(5), 715–734.

Belk, R. (2007). Why not share rather than own? *The Annals of the American Academy of Political and Social Science, 611(1)*, 126–140.

Belk, R. (2014). You are what you can access: Sharing and collaborative consumption online. *Journal of Business Research, 67(8)*, 1595–1600.

Benjaafar, S., Kong, G., Li, X., & Courcoubetis, C. (2018). Peer-to-peer product sharing: Implications for ownership, usage and social welfare in the sharing economy. *Management Science, 65(2)*, 477–493.

Benkler, Y. (2004). Sharing nicely: On shareable goods and the emergence of sharing as a modality of economic production. *Yale Law Journal, 114*, 273–358.

Botsman, R., & Rogers, R. (2011). *What's mine is yours - How collaborative consumption is changing the way we live (Vol.5). HarperCollins.* London: Collins.

Bowman, C., & Ambrosini, V. (2000). *Value creation versus value capture : towards a coherent definition of value in strategy. British journal of management, 11(1),* 1-15

Breidbach, C. F., & Brodie, R. J. (2017). Engagement platforms in the sharing economy: conceptual foundations and research directions. *Journal of Service Theory and Practice, 27*(4), 761–777.

Brousseau, E., & Penard, T. (2007). The economics of digital business models: A framework for analyzing the economics of platforms. *Review of Network Economics, 6*(2), 81–114.

Bundesinstitut für Bevölkerungsforschung. (2015). Durchschnittsalter der Bevölkerung. Abgerufen am 16.05.2019 von https://web.archive.org/web/20151003181328/http://www.bib-demografie.de/SharedDocs/Glossareintraege/DE/D/durchschnittsalter_bevoelkerung.html;jsessionid=6F90C4DD1BB8E56085771F53AD3DE2E3.2_cid321?nn=3074114.

Burkhart, T., Krumeich, J., Werth, D., & Loos, P. (2011). Analyzing the business model concept— a comprehensive classification of literature. *Thirty Second International Conference on Information Systems,* 1–19.

Cannon, S., & Summers, L. H. (2014). How Uber and the sharing economy can win over regulators. *Harvard Business Review,* 13(10), 24–28.

Central Intelligence Agency. (16.05.2019). *The world factbook.* Abgerufen am 16.05.2019 von https://www.cia.gov/library/publications/resources/the-world-factbook/fields/351.html.

Chesbrough, H., & Rosenbloom, R. S. (2002). The role of the business model in capturing value from innovation: evidence from Xerox Corporation's technology spin-off companies. *Industrial and corporate change, 11*(3), 529-555.

Choi, H. R., Cho, M. J., Lee, K., Hong, S. G., & Woo, C. R. (2014). The business model for the sharing economy between SMEs. *WSEAS Transactions on Business and Economics, 11*(1), 625–634.

Consumano, M. A. (2015). How traditional firms must compete in the sharing economy. *Communications of the ACM, 58*(1), 32-34.

Cortimiglia, M. N., Ghezzi, A., & Frank, A. G. (2016). Business model innovation and strategy making nexus: evidence from a cross-industry mixed-methods study. *R&D Management, 46*(3), 414–432.

Daeyoup, K., & Jaeyoung, K. (2015). Business model innovation through value delivery differentiation: Multiple case studies. *Indian Journal of Science and Technology, 8*(21), 1–7.

Demary, V. (2015). *Competition in the sharing economy* (No. 19/2015). IW policy paper.

Dillahunt, T. R., & Malone, A. R. (2015). The promise of the sharing economy among disadvantaged communities. In Proceedings of the 33rd Annual ACM Conference on Human Factors in Computing Systems (pp. 2285-2294). ACM.

Eichhorst, W., & Spermann, A. (2016). Sharing Economy: Mehr Chancen als Risiken?. *Wirtschaftsdienst, 96(6)*, 433-439.

FastCompany. (2014). *The collaborative economy is exploding, and brands that ignore it are out of luck*. Abgerufen am 03.05.2019 von https://www.fastcompany.com/3027062/the-collaborative-economy-is-exploding-and-brands-that-ignore-it-are-out-of-luck.

Forno, F., & Garibaldi, R. (2015). Sharing economy in travel and tourism: the case of home-swapping in Italy. *Journal of Quality Assurance in Hospitality and Tourism, 16*(2), 202–220.

Frenken, K., & Schor, J. (2017). Putting the sharing economy into perspective. *Environmental Innovation and Societal Transitions, 23*, 3–10.

Frenken, K., Toon, M., Arets, M., & Van de Glind, P. (2015). Smarter regulation for the sharing economy. *The Guardian, 20*

Fritze, M. P., Urmetzer, F., Khan, G. F., Sarstedt, M., Neely, A., & Schäfers, T. (2018). From goods to services consumption: A social network analysis on sharing economy and servitization research. *Journal of Service Management Research, 2*(3), 3–16.

Frost & Sullivan. (2010). Sustainable and innovative personal transport solutions - strategic analysis of carsharing market in Europe. *United Kingdom: Frost & Sullivan.*

Grimm, F., & Kunze, A. (2011). Meins ist Deins 3.0. *enorm-Wirtschaft für den Menschen, 2,* 16–27.

Grönroos, C., & Voima, P. (2013). Critical service logic: Making sense of value creation and co-creation. *Journal of the Academy of Marketing Science, 41*(2), 133–150.

Guttentag, D. (2015). Airbnb: disruptive innovation and the rise of an informal tourism accommodation sector. *Current Issues in Tourism, 18*(12), 1192–1217.

Hamari, J., Sjöklint, M., & Ukkonen, A. (2016). The sharing economy: Why people participate in collaborative consumption. *Journal of the Association for Information Science and Technology, 67*(9), 2047–2059.

Handelsblatt. (2017). *Ikea kauft TaskRabbit.* Abgerufen am 05.05.2019 von https://www.handelsblatt.com/unternehmen/handel-konsumgueter/arbeitskraftvermittler-ikea-kauft-taskrabbit/20394844.html?ticket=ST-1849595-FxsZHIirpppQhO4HfPTK-ap2.

Hannak, A., Wagner, C., Garcia, D., Mislove, A., Strohmaier, M., & Wilson, C. (2017). Bias in online freelance marketplaces: Evidence from TaskRabbit and Fiverr. In *20th ACM Conference on Computer-Supported Cooperative Work and Social Computing* (pp. 1914–1933).

Hawlitschek, F., Teubner, T., & Weinhardt, C. (2016). Trust in the sharing economy. *Die Unternehmung, 70*(1), 26–44.

Heinrichs, H. (2013). Sharing economy: a potential new pathway to sustainability. *GAIA-Ecological Perspectives for Science and Society, 22*(4), 228-231.

Heinrichs, H., & Grunenberg, H. (2012). Sharing Economy: Auf dem Weg in eine neue Konsumkultur? *Lüneburg,* 1–27.

Jevons, S. W. (2009). Money and the Mechanism of Exchange. *Cornell University Library.*

Johnson, M. W., Christensen, C. M., & Kagermann, H. (2008). Reinventing your business model. *Harvard Business Review, 86*(12), 57–68.

Jungleworks. (2017). *How TaskRabbit works: Insights into business & revenue model*. Abgerufen am 15.05.2019 von https://jungleworks.com/how-task-rabbit-works-insights-into-business-revenue-model/.

Kaplan, S. (2012). *How to stay relevant when the world is changing - the business model innovation factory*. John Wiley & Sons.

Kim, J., Yoon, Y., & Zo, H. (2015). Why People Participate in the Sharing Economy: A Social Exchange Perspective. In *PACIS* (pp. 76).

Koopman, C., Mitchell, M., & Thierer, A. (2014). The sharing economy and consumer protection regulation: The case for policy change. *Business, Entrepreneurship and the Law, 8*(2), 529–546.

Lamberton, C. P., & Rose, R. L. (2012). When is ours better than mine? A framework for understanding and altering participation in commercial sharing systems. *Journal of Marketing, 76*(4), 109–125.

Leadbeater, C. (2009). *We-Think: Mass innovation, not mass production*. Profile Books.

Magretta, J. (2002). Why business models matter. *Harvard Business Review*, 1–8.

Morris, M., Schindehutte, M., & Allen, J. (2005). The entrepreneur's business model: toward a unified perspective. *Journal of Business Research, 58*(6), 726–735.

Osterwalder, A., & Pigneur, Y. (2011). *Business Model Generation: Ein Handbuch für Visionäre, Spielveränderer und Herausforderer*. Campus Verlag.

Osterwalder, A., Pigneur, Y., & Tucci, C. L. (2005). Clarifying business models: Origins, present, and future of the concept. *Communications of the Association for Information Systems, 16*(1), 1–40

Owyang, J., Tran, C., & Silva, C. (2013). The collaborative economy: Products, services, and market relationships have changed as sharing startups impact business models. To avoid disruption, companies must adopt the Collaborative Economy Value Chain. Altimeter.

Pick, D., & Haase, M. (2015). Gründe der Mitwirkung in der kommerziellen Sharing Economy. *Marketing Review St. Gallen, 32*(4), 7–15.

Piscicelli, L., Cooper, T., & Fisher, T. (2014). The role of values in collaborative consumption: Insights from a product-service system for lending and borrowing in the UK. *Journal of Cleaner Production*, 1–9.

Plewnia, F., & Guenther, E. (2017). Mapping the sharing economy for sustainability research. *Management Decision*, *56*(3), 570–583.

Porter, M. E. (1985). *Competitive Advantage: Creating and Sustaining Superior Performance*.

Puschmann, T., & Alt, R. (2016). Sharing Economy. *Business and Information Systems Engineering*, *58*(1), 93–99.

PwC. (2015). *The Sharing Economy: Consumer Intelligence Series*.

PwC. (2016). *Europe´s five key sharing economy sectors could deliver €570 billion by 2025*. Abgerufen am 03.05.2019 von https://press.pwc.com/News-releases/europe-s-five-key-sharing-economy-sectors-could-deliver--570-billion-by-2025/s/45858e92-e1a7-4466-a011-a7f6b9bb488f.

Seelos, C., & Mair, J. (2006). Profitable business models and market creation in the context of deep poverty: A strategic view. *IESE Business School - University of Navarra*, *7*(6), 1–14.

Slee, T. (2016). Deins ist Meins - Die unbequemen Wahrheiten der Sharing Economy. *Aus Dem Englischen von Ursel Schäfer*. 1–300.

Stampfl, N. S. (2015). Homo collaborans — Neue Konsummuster in der Sharing Economy. *Marketing Review St. Gallen*, *32*(4), 16–23.

Statistisches Bundesamt. (2018). *Städte nach Fläche, Bevölkerung und Bevölkerungsdichte am 31.12.2017*. Abgerufen am 03.03.2019 von https://www.destatis.de/DE/Themen/Laender-Regionen/Regionales/Gemeindeverzeichnis/Administrativ/05-staedte.html;jsessionid=B0DEB79E56277445B7D662B7708B44A7.internet732.

Stewart, D. W., & Zhao, Q. (2000). Internet marketing, business models, and public policy. *Journal of Public Policy & Marketing*, *19*(2), 287–296.

TaskRabbit. (2018). *TaskRabbit´s mission is to make everyday life easier for everyday people*. Abgerufen am 13.05.2019 von https://www.taskrabbit.com/press/Fact_Sheet.pdf

TechCrunch. (2015). *The battle is for the customer interface*. Abgerufen am 03.05.2019 von https://techcrunch.com/2015/03/03/in-the-age-of-disintermediation-the-battle-is-all-for-the-customer-interface/.

Teodoro, R., Ozturk, P., Naaman, M., Mason, W., & Lindqvist, J. (2014). The motivations and experiences of the on-demand mobile workforce. *In Proceedings of the 17th ACM conference on Computer supported cooperative work & social computing, 236-247.*

Timmers, P. (1998). Business Models for Electronic Markets. *Electronic markets, 8*(2), 3-8.

Tsui, K. K. (2016). Economic Explanation: From Sharecropping to the Sharing Economy. *Man and the Economy, 3*(1), 77–96.

Vaughan, R., & Daverio, R. (2016). *Assessing the size and presence of the collaborative economy in Europe*. Publications Office of the European Union.

Vox. (2017). *Ikea has bought TaskRabbit*. Abgerufen am 16.05.2019 von https://www.vox.com/2017/9/28/16377528/ikea-acquisition-taskrabbit-shopping-home-contract-labor.

Weill, P., & Vitale, M. R. (2001). *Place to space: Migrating to ebusiness models*. Harvard Business Press.

WiWo. (2017). *Carsharing: Snappcar will in Deutschland wachsen*. Abgerufen am 03.05.2019 von https://gruender.wiwo.de/carsharing-snappcar-will-in-deutschland-wachsen/.

Zervas, G., Proserpio, D., & Byers, J. (2017). The rise of the sharing economy: Estimating the impact of Airbnb on the hotel industry. *Journal of Marketing Research, 54(5),* 687–705.

Zott, C., Amit, R., & Massa, L. (2011). The business model: recent developments and future research. *Journal of Management, 37*(4), 1019–1042.